Todd Meyers est *Associate Professor* d'anthropologie à New York University–Shanghai. Il a récemment publié *Experimente im Individuum. Kurt Goldstein und die Frage des Organismus*, avec Stefanos Geroulanos, Berlin, August Verlag, 2014 et *Realizing the Witch. Science, Cinema, and the Mastery of the Invisible*, avec Richard Baxstrom, New York, Fordham University Press, 2016.

La clinique et ailleurs

Anthropologie
et thérapeutique de l'addiction

Dans la même collection

Michel Foucault, *L'origine de l'herméneutique de soi. Conférences prononcées à Dartmouth College, 1980*, 2013.

Michel Foucault, *Qu'est-ce que la critique ?* suivi de *La culture de soi*, 2015.

Michel Foucault, *Discours et vérité* précédé de *La* parrêsia, 2016.

Aldo Giorgio Gargani, *Le savoir sans fondements. La conduite intellectuelle comme structuration de l'expérience commune*, 2013.

Ilsetraut Hadot, *Sénèque. Direction spirituelle et pratique de la philosophie*, 2014.

Sandra Laugier, *Recommencer la philosophie. Stanley Cavell et la philosophie en Amérique*, 2014.

Judith Revel, *Foucault avec Merleau-Ponty. Ontologie politique, présentisme et histoire*, 2015.

Todd MEYERS

La clinique et ailleurs

Anthropologie et thérapeutique de l'addiction

Traduction française par
Aude Bandini

VRIN | *Philosophie du présent*

Directeurs de collection : Jean-François Braunstein,
Arnold I. Davidson et Daniele Lorenzini

Imprimé en France
ISSN 2270-8669
ISBN 978-2-7116-2661-8
www.vrin.fr

120. Santé de l'âme – La célèbre formule de médecine morale (dont Ariston de Chios est l'auteur) : « La vertu est la santé de l'âme » devrait, pour que l'on puisse l'utiliser, être du moins transformée ainsi : « Ta vertu est la santé de ton âme. » Car en soi il n'y a point de santé et toutes les tentatives pour donner ce nom à une chose ont véritablement avorté. Il importe de connaître ton but, ton horizon, tes forces, tes impulsions, tes erreurs, et surtout l'idéal et les fantômes de ton âme pour déterminer ce que signifie la santé, même pour ton *corps*. Il existe donc d'innombrables santés du corps ; et plus on permet à l'individu et à l'incomparable de lever la tête, plus on désapprend le dogme de l'« égalité des hommes », plus il faudra que nos médecins perdent la notion d'une santé normale, d'une diète normale, du cours normal de la maladie. Et, alors seulement, il sera peut-être temps de réfléchir à la santé et à la maladie de l'*âme* et de mettre la vertu particulière de chacun dans cette santé : il est vrai que la santé de l'âme pourrait ressembler chez l'un au contraire de la santé chez l'autre. Et finalement la grande question demeurerait ouverte : savoir si nous pouvons nous passer de la maladie, même par le développement de notre vertu, et si particulièrement notre soif de connaissance de soi n'a pas autant besoin de l'âme malade que de l'âme bien portante : en un mot si la seule volonté de santé n'est pas un préjugé, une lâcheté et peut-être un reste de la barbarie la plus subtile et de l'esprit rétrograde.

Friedrich Nietzsche [1]

1. F. Nietzsche, *Le Gai Savoir* (*La Gaya Scienza*), trad. fr. Henri Albert, Paris, Mercure de France, 1901, p. 174-175.

INTRODUCTION

Nous arrivons à l'accueil du centre de traitement. Celui-ci est baigné de la lumière du soleil qui entre à flots par les fenêtres. Chaque imperfection, sur la porte comme sur les vitres, prend un reflet mordoré. Le sol en linoléum a l'air d'être illuminé de l'intérieur.

Cedric se tient contre le comptoir de la réception, en appui sur trois doigts, son autre main retient un cartable et plusieurs sacs en plastique contenant des chaussures, des affaires de classe et de toilette. « Ça endort », dit-il. Nous attendons ensemble dans le hall, tandis que l'assistante sociale et la mère de Cedric parlent d'horaires de réunion, échangent des documents et signent les derniers papiers, à voix basse mais sur un ton sérieux. Cedric a raison : cette lumière endort en effet. Nous sommes trop assommés pour vraiment porter attention aux derniers détails administratifs qui sont en train d'être réglés juste à quelques pas de là. Cedric et moi nous tenons l'un à côté de l'autre, en silence, les yeux mi-clos. [...]

Un minibus blanc s'arrête le long du trottoir, au pied des escaliers, à quelques mètres de l'entrée. Un groupe de jeunes gens rentre d'une promenade et passe devant nous; avec lui nous parviennent un courant d'air frais et l'odeur des feuilles en décomposition. « Tu vas être content de ne plus avoir à faire ce genre de choses ? » demandé-je, en faisant référence au groupe qui gravit maintenant l'escalier pour se rendre en séance de thérapie. « Je ne sais pas, dit-il, il faut encore que je prenne mes médicaments et tout ça. » Cedric, qui a maintenant l'air abattu, ajoute : « C'est pas comme si je partais vraiment. »

LA CLINIQUE ET AILLEURS

Entre juillet 2005 et mai 2008, j'ai conduit une étude ethnographique portant sur les adolescents dépendants aux opiacés dans un centre de désintoxication de Baltimore, dans le Maryland (USA) [1]. J'y ai suivi une petite cohorte de jeunes garçons et de jeunes filles, à partir de leur entrée en traitement. Une fois celui-ci terminé, j'ai continué à les suivre, dans leur quartier, chez eux, à l'intérieur de différentes institutions médicales et non-médicales, jusqu'à, bien trop souvent, leur retour au centre de désintoxication.

Ces adolescents avaient des histoires très différentes les unes des autres. Cette diversité s'explique non seulement par leurs situations économiques ou démographiques respectives, mais aussi par la variabilité de ce qui les avait amenés à consommer des opioïdes, ainsi que par celle de ce qui les avait finalement conduit sà entreprendre un traitement. En dépit de ces différences, tous avaient au moins en commun le fait d'avoir été traités au moyen d'un médicament relativement nouveau en matière de sevrage et de thérapie de substitution : la buprénorphine. Je me suis par conséquent focalisé sur la buprénorphine – en particulier deux produits pharmaceutiques développés sous les noms commerciaux de Suboxone® (une substance combinant de la buprénorphine et du naloxone) et de Subutex® (buprénorphine). À l'instar de la méthadone, le Suboxone® et le Subutex® sont des médicaments qui reproduisent les effets neurochimiques de drogues comme l'héroïne, mais avec l'avantage de pouvoir être délivrés plus facilement et avec davantage de sécurité dans le cadre thérapeutique – dans l'idée (et avec l'espoir) qu'avec le temps, ils permettraient de mettre un terme à la dépendance aux autres opioïdes. C'est sur la base d'entretiens,

1. Cette étude fut conduite dans le cadre d'un programme de bourses de recherches offert par le National Institutes of Health/National Institute on Drug Abuse (F31-0202039 – Sponsor : Dr. Jonathan Ellen, Johns Hopkins University, School of Medicine, Department of Pediatrics). Elle fut approuvée par l'Université Johns Hopkins et le Homewood Institutional Review Board (HIRB No. 2006021 « Therapeutic Contexts for Substance Abusing Adolescents »). Les noms ont été remplacés par des pseudonymes.

recueillis sur une assez longue période de temps et menés aussi bien à l'intérieur qu'à l'extérieur de l'institution clinique, que je me suis efforcé de dégager les principales caractéristiques de l'expérience du traitement pharmacologique, et de mieux comprendre la manière dont l'addiction et son traitement prennent forme, l'un en relation avec l'autre, chez les adolescents.

Au cours des dernières dizaines d'années, la différence que l'on pouvait faire entre usage légal et usage détourné des médicaments s'est de plus en plus brouillée, aussi bien sur le plan épidémiologique que sur celui des formes de raisonnements individuels qui sont d'ordinaire associées à leur consommation [1]. Les phénomènes d'automédication, d'abus d'opioïdes de prescription et de partage de prescription, sont tous caractéristiques d'un type spécifique de consommation dont il faut rendre compte dans le détail. Dans les pages qui vont suivre, on verra qu'il n'a pas toujours été possible de localiser institutionnellement chacun des adolescent (sur le plan légal comme sur le plan clinique), et qu'il faut dans une large mesure remettre en cause l'idée selon laquelle les adolescents partageraient tous, en gros, la même expérience de la drogue [2]. De la même manière, il n'y a pas une « image » unique qui permette à elle seule de saisir dans toute sa complexité en quoi consiste l'expérience

1. H. Spiller *et al.*, « Epidemiological Trends in Abuse and Misuse of Prescription Opioids », *Journal of Addictive Diseases*, vol. 28, n° 2, 2009, p. 130-136. Voir en outre Ph. Bourgois et J. Schonberg, *Righteous Dopefiend*, Berkeley, University of California Press, 2009 ; N. Campbell, *Discovering Addiction. The Science and Politics of Substance Abuse Research*, Ann Arbor, University of Michigan Press, 2007.

2. Parce que les adolescents que j'ai suivis – même s'il s'agissait d'un petit groupe – étaient si différents du point de vue de la manière dont ils avaient commencé à prendre de la drogue, et de celle dont ils la consommaient maintenant (et en dépit du fait que leurs carrières de toxicomanes étaient encore récentes), il était impossible de parler en général et de manière sensée d'une « expérience adolescente de la toxicomanie ». Une telle expression aurait été complètement vide de sens. Ceci ne veut pas dire, cependant, qu'il n'y a pas de « modes » très généraux de consommation et d'abus. L'idée que j'essaie de défendre ici est que les modes individuels sont plus intéressants à considérer si l'on veut comprendre l'impact du traitement sur les individus, tout en évitant de se cacher derrière des généralisations ou des catégorisations creuses.

de la thérapie. Les adolescents que j'ai suivis ne vivaient pas tous dans des foyers instables, même si c'était le cas pour beaucoup d'entre eux. Certains vivaient en banlieue, d'autres en ville. Ils n'avaient pas tous des parents ou des tuteurs qui prenaient de la drogue, même si c'était le cas pour plusieurs d'entre eux. Certains, au moment où je les ai rencontrés, connaissaient des périodes de mieux-être et ne souffraient plus de la dépendance, mais ils ont été peu nombreux. Dans ce groupe d'adolescents, il arrivait qu'il y ait des cas de consommation importante de drogue, mais on en parlait plus souvent qu'on ne l'observait. L'ethnographie que je pratique est une ethnographie qui tire résolument parti des zones d'ombre et des disparitions – *les corps* n'étaient pas toujours présents ou disponibles (au sens le plus strict : *être présent* ou *là en chair et en os*). En dernière instance, il y avait beaucoup de corps distincts à prendre en compte : le *corps thérapeutique*, le *corps expérimental*, le *corps absent*, le *corps dangereux*, le *corps habitué*, le *corps médicalement altéré*, le *corps réticent*, le *corps guéri* – et dans deux cas, le *corps décédé* [1].

J'ai suivi douze adolescents durant presque trois ans [2]. *Suivre*, cependant, est peut-être un mot un peu fort. En réalité, je n'étais jamais effectivement en contact qu'avec trois ou quatre d'entre eux

1. En utilisant les termes de corps thérapeutiques et expérimentaux, je pense en particulier au travail d'Adriana Petryna sur l'utilisation de sujets humains dans les essais contrôlés randomisés (« Ethical Variability. Drug Development and Globalizing Clinical Trials », *American Ethnologist*, vol. 32, n° 2, 2005, p. 183-197). Dans le petit groupe que j'ai suivi, deux des adolescents sont morts – l'une des suites d'une overdose, l'autre abattu à la suite d'une histoire de drogue. La notion d'« ombre » renvoie ici directement au travail d'Annette Leibing (A. McLean et A. Leibing (dir.), *Shadow Side. Exploring the Blurred Borders Between Ethnography and Life*, Oxford, Blackwell, 2007).

2. J'utilise le terme d'« adolescents » tout au long de ce livre. Ceci est correct d'un certain point de vue, au moins sur le plan développemental. Cependant, j'ai suivi ces adolescents durant plusieurs années, et pendant cette durée ils sont passés (sur le plan développemental entre autres) de l'adolescence au début de l'âge adulte – pour ne rien dire du fait que, en raison des circonstances, nombre d'entre eux faisaient bien plus que leur âge. J'ai cependant utilisé « adolescents » à chaque fois pour éviter les possibles confusions qu'aurait provoqué l'usage de différents termes, et dans le but de focaliser l'attention sur les situations instutionnelles et cliniques dans lesquelles

à la fois. Les *suivre* voulait aussi dire, en principe, discuter avec les membres de la famille, les amis, les officiers de probation, les cliniciens et les travailleurs sociaux, et ce, souvent en l'absence du « sujet d'étude ». Les rumeurs, elles aussi, constituaient une forme de *suivi* [1]. Des rumeurs circulaient entre les adolescents au centre de traitement, entre les membres de l'équipe médicale et les infirmières, et à la maison, entre les amis et la famille. Les *suivre* signifiait se renseigner sur le travail des cliniciens et les traces administratives qui restaient quand quelqu'un disparaissait – un *dossier du soi*, pour utiliser les termes de Roma Chatterji [2]. Les *suivre* nécessitait aussi de rendre compte et d'inclure les moments d'interaction, de bonne comme de mauvaise qualité, avec les adolescents eux-mêmes. Comme telle, la méthode de collecte de données de l'étude a nécessité une multitude de coups de fils, interrompus sans crier gare, avec des faux pas, des appels qui tombaient au hasard, et dont le résultat était très souvent décevant. Dans mon travail, qui s'intéresse à la grammaire de l'expérience vécue, les termes de *déperdition* et de *lacune dans le suivi*, que l'on rencontre pourtant si souvent dans les recherches portant sur des sujets humains, ne trouvent pas facilement leur place.

EFFICACITÉ ET EFFECTIVITÉ

L'utilisation du Buprenex® (buprénorphine), qui était au départ un analgésique, pour traiter la toxicomanie a suscité un changement majeur dans les politiques publiques concernant le traitement de la dépendance aux drogues, et a ouvert de nouvelles possibilités

ils se trouvaient. Lorsque je m'éloigne de cette catégorie (« les adolescents »), c'est en raison de choix stylistiques davantage que théoriques.

1. J'utilise le terme « suivre » par opposition à « conduire », comme dans « conduire quelqu'un à se rétablir ». Mais « retracer » serait également approprié, dans la mesure où mes descriptions ethnographiques ne fournissent que les contours des adolescents que je me suis efforcé de suivre.

2. R. Chatterji, « An Ethnography of Dementia », *Culture, Medicine & Psychiatry*, vol. 22, n° 3, 1988, p. 355-382.

cliniques pour le traitement des troubles associés[1]. Une fois que ce médicament a été approuvé et que l'attention s'est détournée des critères permettant d'en évaluer l'efficacité dans le cadre des premiers essais cliniques, ce sont ses effets cliniques à long terme qui ont suscité des inquiétudes. Les questions que l'on se pose pendant un essai clinique sont très précises et, en général, elles ne sont pas censées répondre par avance à des préoccupations qui dépassent ce cadre. Pour le dire autrement, le temps dévolu à la mise au point puis à l'amélioration de l'efficacité du traitement est fini et tout à fait circonscrit dans le contexte d'un essai contrôle randomisé[2]. Il demeure cependant une tension fondamentale entre la question de l'efficacité d'une thérapie au cours d'un essai clinique, et celle des effets cliniques positifs que peut avoir un médicament quand on l'envisage hors du cadre et des paramètres propres à la recherche, en particulier quand il est utilisé par différentes populations et dans des environnements non contrôlés[3]. En son principe même, l'approche de l'essai clinique est directe : est-ce que quelque

1. En 1978, Donald Jasinski a conduit une petite étude clinique impliquant le Buprenex® (un analgésique autorisé pour le traitement des douleurs modérées à aigües) pour essayer de traiter la dépendance aux opiacés chez des adultes dépendants à l'héroïne. Jasinski et ses collègues ont réalisé leurs travaux au Bayview Hospital de Baltimore, l'un des CHU dépendant de l'Université Johns Hopkins. Cela a débouché sur une série d'essais contrôlés randomisés, comparant l'efficacité de la buprénorphine (un agoniste partiel du récepteur μ) à celle de la méthadone (un agoniste complet du récepteur μ). À cette époque, il y avait également un grand nombre d'essais comparant buprénorphine et groupe placebo. Dans le cadre plus vaste du Federal Drug Addiction Treatment Act (DATA) de 2000, la buprénorphine fut réinscrite au registre de la Drug Enforcement Administration (DEA), ce qui permettait aux médecins de prescrire ce médicament en cabinet privé (bien que ces prescriptions soient très régulées) plutôt que dans des dispositifs spécialisés comme les cliniques de méthadone. La FDA a approuvé l'utilisation de deux nouveaux médicaments pour le traitement de la dépendance aux opiacés, le Subutex® et le Suboxone®, en 2002. Je décris ces points historiques en détail dans le premier chapitre.

2. Voir le travail tout à fait inestimable de H. Marks, *The Progress of Experiment. Science and Therapeutic Reform in the United States, 1900-1990*, New York, Cambridge University Press, 1997. Voir également J.R. Matthews, *Quantification and the Quest for Medical Certainty*, Princeton, Princeton University Press, 1995.

3. A. Petryna, *When Experiments Travel. Clinical Trials and the Global Search for Human Subjects*, Princeton, Princeton University Press, 2009. Voir aussi

chose (qu'il s'agisse d'un médicament ou d'une modification du comportement de l'individu) répond de manière satisfaisante aux questions que l'on se pose à son propos, sur une échelle temporelle donnée? Bien entendu, un essai clinique (et même plusieurs) ne permet pas de répondre miraculeusement à toute question que la recherche est susceptible de se poser. Il n'y a pas un médicament qui, à lui seul, permettrait de résoudre le problème de l'addiction. Comment pourrait-ce être le cas? Par nature, la toxicomanie évolue par cycles et tout au long de l'existence – il s'agit d'un trouble ou d'un ensemble de troubles qui sont de nature aussi bien physique que comportementale, et auxquels est attaché un poids moral et social considérable même après l'arrêt de la consommation[1]. Dans le cas de la buprénorphine, le résultat clinique que l'on attend de la pharmacothérapie est simple : atténuer l'inconfort associé au symptôme de sevrage, diminuer l'envie de consommer d'autres opioïdes, et finalement réduire progressivement les doses du médicament de substitution. Cependant, les patients et leurs familles nourrissent d'autres attentes (et même des exigences) à son égard. Le « signe » du succès n'est pas toujours le même du point de vue de la recherche d'une part et de la pratique clinique d'autre part, et cette différence est même encore plus prononcée quand on prend en compte les différents acteurs qui se situent à l'intérieur et à l'extérieur de l'espace clinique.

Pour deux des adolescents que j'ai suivis – Cedric et Megan – la fidélité au traitement pouvait s'accommoder (du moins dans leur esprit) de la consommation d'autres drogues illicites au nom du « rétablissement » ou de « ce qu'il faut pour s'en sortir ». Pour les médecins avec lesquels j'ai travaillés, voir que des adolescents revenaient chaque semaine en consultation à l'hôpital de jour, quel que soit l'état dans lequel ils se trouvaient, était souvent déjà considéré comme un succès. Le simple fait qu'ils soient là, en chair

S. Epstein, *Inclusion. The Politics of Difference in Medical Research*, Chicago, The University of Chicago Press, 2007.

1. N. Campbell, *Discovering Addiction*, *op. cit.* Voir également R. Castel, *La gestion des risques*, Paris, Les Éditions de Minuit, 1981.

et en os, était un indice de progrès thérapeutique. Dans tous les cas que j'ai suivis – entre le domicile et le centre – on utilisait différents critères d'évaluation pour juger du succès d'une thérapie, au travers de formes de raisonnement clinique qui, parfois, allaient toutes dans le sens des expériences que les individus avaient de la thérapie, mais à d'autres moments, absolument contre.

Tout ceci ayant été signalé, on doit garder à l'esprit que l'objectif de cet ouvrage n'est ni de remettre en question les critères d'évaluation utilisés dans les essais cliniques, ni de soutenir que les conclusions qui ont été tirées de la recherche existante sur l'efficacité de la buprénorphine sont fausses. Mon but est de repérer l'endroit où les questions que se pose le chercheur trouvent leurs limites; il est de poser d'autres types de questions, celles qui émergent des expériences des individus qui suivent une thérapie, en particulier à l'endroit précis où le *clinique* et le *social* deviennent difficiles à séparer l'un de l'autre.

Une histoire de la buprénorphine

Le centre de traitement et les autres environnements institutionnels par lesquels passaient les adolescents n'ont pas été les seuls sites dans lesquels s'est déroulée mon étude. Les archives en ont été un autre [1]. Par ce moyen, j'ai voulu construire l'histoire de la buprénorphine comme une *histoire du présent*, au travers des multiples documents existant, et souvent contradictoires [2]. En plus de ce matériel, j'ai eu recours à un grand sondage téléphonique auprès des médecins de Baltimore qui étaient autorisés à prescrire

1. Voir J. Derrida, *Mal d'archive. Une impression freudienne*, Paris, Galilée, 1995. J'aborde l'idée de «l'archive» (*arkhé*, du Grec: ἀρχή) au sens où le fait Derrida, comme un acte dans l'espace, là où les *pensées* et les *objets* «commencent».

2. J'utilise l'expression «une histoire du présent» dans le même sens que Michel Foucault dans *Surveiller et punir*, Paris, Gallimard, 1975. On trouvera des ressources complémentaires et concurrentes de témoignages oraux sur le site web du projet «History of a Public Science. Substance Abuse Research» de l'Université Johns Hopkins: http://sitemaker.umich.edu/substance.abuse.history/home (consulté le 10 septembre 2015).

de la buprénorphine, ceci afin d'affiner le portrait offert par les documents d'archive.

Il n'a pas été facile de s'abstraire des débats publics houleux concernant les limites, les bénéfices et les dangers associés à la buprénorphine, qui faisaient alors grand bruit dans les médias locaux et nationaux. Je me suis efforcé de traiter ces sources avec autant de circonspection que celle avec laquelle j'ai traité les données de la recherche scientifique et les écrits publiés sur la buprénorphine, en grande partie parce que les débats publics ont eu une influence directe sur la manière dont la science de cette nouvelle pharmacothérapie a été interprétée et appréhendée au sein des environnements dans lesquels j'ai travaillé. J'ai essayé de résister à la tentation d'aligner l'histoire technique de ce nouveau médicament avec l'histoire de ses effets sociaux et politiques involontaires. À mon sens, une telle manière de présenter les choses aurait imposé une cohérence artificielle à l'histoire de la réception de la buprénorphine dans l'espace clinique. Au lieu de cela, j'ai voulu tisser des liens entre tous ces éléments pour reconstituer la carrière d'une thérapie – la carrière d'une pharmacothérapie – et rendre compte de ce qu'on y croise, et de ce qu'il peut y avoir après.

L'histoire de la réception de la buprénorphine paraît simple au premier abord. Elle exige cependant qu'on lui prête davantage d'attention dans le détail, sans quoi on n'aurait ici affaire qu'à un récit ordinaire, celui d'une avancée pharmaceutique mise au service de la résolution d'un problème de santé publique pérenne. L'histoire des problèmes de santé publique ainsi que des activités qui visent à y répondre tendent, pour toutes sortes de raisons, à déboucher sur des conclusions très tranchées et qui sont en réalité motivées par des objectifs rétroactifs. Nombre des analyses prospectives du progrès médical ne sont souvent en fait que le résultat d'un regard porté de manière rétroactive, au travers d'un prisme social ou politique, et qui attribue à tort de l'importance à certains événements et se prétend dans le même temps parfaitement neutre [1]. Les affirmations qui sont

1. Voir la préface de Ilana Löwy à la traduction française du livre de L. Fleck, *Genèse et développement d'un fait scientifique*, Paris, Flammarion, 2008.

contenues dans les pages qui viennent ne sont pas suffisamment définitives pour qu'on puisse en tirer des conclusions très fortes. Le danger n'est pas tant de substituer des chimères aux faits, que de raconter une histoire rétrospective qui en altèrerait la forme. Je pose dans ce livre une question très simple : si l'histoire de la buprénorphine a commencé à partir du moment où on a jugé que ce traitement était un succès, quels étaient les critères utilisés pour en juger ? Par qui étaient-ils utilisés et à quelle fin ?

Quand j'essaie de résumer dans ses grandes lignes l'histoire que raconte ce livre, je m'égare souvent dans les détails qui relèvent du volet « recherche et développement » de l'industrie pharmaceutique ; ou pire, je me retrouve à justifier l'attention particulière que j'ai portée aux tours et détours de la vie des adolescents en recourant à une catégorie anthropologique fourre-tout, celle des *recherches sur l'expérience de la maladie*. Je m'intéresse en effet à l'expérience de la maladie, et même, plus précisément, à la manière dont les produits pharmaceutiques en sont venus à prendre part à cette expérience – mais ce n'est pas seulement de cela qu'il est question dans les pages qui viennent. Ce livre porte sur la difficulté qu'il y a à déterminer si une intervention pharmaceutique est un succès ou un échec, en tenant compte du fait que les différents acteurs impliqués nourrissent des attentes qui entrent souvent en conflit les unes avec les autres. Ce livre s'intéresse à la portée étonnamment longue qui est celle du raisonnement clinique quand il se développe hors de l'environnement clinique, dans quelque chose que nous appelons *le social*. Enfin, ce livre parle de la manière dont la guérison peut trouver une forme cohérente dans la vie des individus au fil du temps. Les pages qui suivent portent sur toutes ces choses, tissées entre elles en un maillage qui forme la carrière d'une thérapie, au sein de l'espace clinique et ailleurs.

Avec ceci en tête, je voudrais faire précéder mon ethnographie d'une brève réflexion concernant la tension qui existe entre *le rétablissement* et *la guérison*, car bien qu'elle soit assez ancienne, cette tension est au cœur de mon enquête sur la pharmacothérapie contre la toxicomanie, et sert de fil conducteur à ma compréhension des potentialités et des limites des thérapeutiques, entre la recherche scientifique, la pratique clinique, et les expérience individuelles des adolescents qui reçoivent cette thérapie pharmaceutique [1]. D'une certaine manière, on peut voir cet ouvrage comme un long essai sur l'anthropologie de la thérapeutique et l'organisation de l'existence au travers du prisme de l'intervention thérapeutique.

ANTHROPOLOGIE DE LA THÉRAPEUTIQUE

L'espoir qu'a le patient de guérir et les limites de l'efficacité médicale sont au centre d'un court texte écrit par le grand philosophe de la médecine, Georges Canguilhem [2], publié dans une revue de psychanalyse sous le titre « Une pédagogie de la guérison est-elle possible ? » [3]. L'argument de Canguilhem peut être résumé assez simplement : de tous les objets de la pensée médicale, la guérison est celui auquel on porte le moins d'attention. À première vue, cette affirmation paraît erronée. Si le but premier de la médecine n'est pas la guérison ; si ce qui, plus profondément encore, donne sens à la réflexion comme à la pratique médicales et y occupe le premier plan, se tenant en quelque sorte au centre de tous les objets, n'est pas

1. Dans *Du Pronostic* (168 avant J.-C.), Galien décrit le traitement médical comme une forme d'écart au regard de la guérison individuelle, qui se réalise dans le passage des attentes nourries par les patients vers celles qui sont nourries par ceux qui les guérissent. Suivant la même ligne de pensée, les écrits hippocratiques canoniques affirment clairement que la guérison, comme les symptômes, ne dépendent que de l'individu – autrement dit, la guérison et la maladie sont des expressions individuelles. Voir en particulier la discussion de l'humanisme médical de Foucault, dans sa Préface à *Naissance de la clinique. Une archéologie du regard médical*, Paris, P.U.F., 1963.

2. Georges Canguilhem (1904-1995), que l'on connaît surtout pour son remarquable ouvrage *Le normal et le pathologique* (Paris, P.U.F., 2005), a cependant fortement influencé des figures telles que Michel Foucault, Jacques Derrida, Gilles Deleuze, et d'autres encore – dont le travail continue à nourrir les débats actuels en philosophie des sciences.

3. G. Canguilhem, « Une pédagogie de la guérison est-elle possible ? », *Nouvelle revue de psychanalyse*, n° 17, printemps 1978, p. 13-26 ; repris dans *Écrits sur la médecine*, Paris, Seuil, 2000, p. 69-99.

justement la guérison, on peut se demander ce que cela pourrait bien être d'autre. Canguilhem établit une distinction à la fois importante et nécessaire, entre d'une part la guérison, qui est quelque chose de fondamentalement subjectif et individuel, renvoyant en cela à une étymologie qui implique les notions de protection et de sécurité, mais aussi celle de *défense*[1]; et d'autre part le rétablissement, qui renvoie à des formes de changement interne, lesquelles sont évaluées par une autorité extérieure. Le rétablissement est le produit d'un changement qui s'est effectué *à l'intérieur*, et qui est avalisé – statistiquement ou d'une autre façon –, de *l'extérieur*. Pour le dire simplement, le rétablissement marque le retour à un état antécédent, tandis que la guérison ouvre à quelque chose de nouveau, qui n'était pas familier ou qui était inconnu jusque là. La guérison ne restaure pas un ordre qui existait auparavant, elle ne constitue pas un retour à une ancienne norme[2]. Comme le montre Canguilhem, la guérison est le processus par lequel on établit de nouvelles normes *dans* le corps et *du* corps. Je tâche de rendre compte le plus clairement possible de cette distinction dans les pages qui suivent, au moyen de mon étude ethnographique.

L'espoir de guérison et les différentes définitions qui entrent en jeu quand on parle de rétablissement révèlent certaines habitudes de pensée qui relèvent de la thérapeutique. Même dans les cas où les attentes du patient ne sont pas satisfaites (la pratique médicale

1. Il peut y avoir, avec le mot « guérir » une confusion entre l'acception ancienne et l'acception moderne. D'après Alain Rey (*Dictionnaire de la langue française*), l'acception ancienne renvoie à « défendre, protéger ». La définition principale est « protéger, garantir » et en ce sens, le terme approprié est « défendre ». « Se garder de » est un autre exemple : le mot *guérite*, de *guarir* ou *garir*, « protéger ». L'acception moderne renvoie aux mots *protection* et *sécurité*, en référence aux décisions de politique de santé publique prises au XIXe et au XXe siècle en France. L'idée est ici qu'il y a certaines précautions à prendre pour éviter les anachronismes quand on se réfère à l'étymologie. Voir mon introduction à *Writings on Medicine* (avec S. Geroulanos), « Georges Canguilhem's Critique of Medical Reason ».

2. Pour une lecture de Canguilhem en relation avec la pensée de Nietzsche, Lévinas et d'autres, voir en particulier les chapitres 3 et 4 du livre de Roberto Esposito, *Bíos. Biopolitics and Philosophy*, trad. angl. T. Campbell, Minneapolis, University of Minnesota Press, 2008.

ayant échoué à rétablir le patient ou à restaurer en lui un ordre antécédent), l'absence de rétablissement ne remet pas nécessairement en question la capacité de la médecine à parvenir à les satisfaire, au moins en principe. En référence au travail du médecin René Leriche, Canguilhem écrit : « L'invalidité du jugement du malade concernant la réalité de sa propre maladie est un argument de poids dans une récente théorie de la maladie [...] »[1]. Quand on passe beaucoup de temps à l'hôpital, une chose que l'on entend souvent est que certains patients sont *opposants* ou *vont contre* ce que prescrit la thérapie. Même si de telles expressions témoignent d'une forme de frustration, on ne doit pas se tromper en les prenant pour la manifestation d'une forme de désinvolture ou d'incompétence professionnelles. Je m'intéresse à des énoncés de la sorte, non pas parce qu'ils m'irritent personnellement, mais parce qu'ils ont tendance à déformer (et ce, pas uniquement sur le plan discursif) la perspective clinique formelle quand elle se retrouve en confrontation avec la réalité du soin, et qu'ils révèlent la manière dont on se représente la portée de la thérapeutique[2]. L'un des cliniciens avec lesquels j'ai fini par devenir proche me le rappelait souvent : « Les adolescents sont *difficiles* même quand ils ne prennent pas de drogue, alors il faut remettre les choses en perspective. » Ce n'était pas une tâche facile pour l'équipe clinique que d'obtenir des patients – des adolescents – qu'ils fassent ce qu'on leur prescrivait de faire. L'idée de « difficulté » était devenue, pour ainsi dire, instrumentale au sein de la conception que l'on se faisait du soin au centre de traitement. Le terme de difficulté avait fini par trouver sa place, quelque part entre la compliance et le refus de se soigner, ce qui a permis qu'un certain degré d'ambiguïté s'installe

1. G. Canguilhem, *Le normal et le pathologique*, *op. cit.*, p. 52.

2. Le problème n'a récemment nulle part été aussi apparent que dans les débats concernant le suivi des thérapies anti-rétrovirales dans le contexte des traitements contre le VIH. Voir J. Biehl, *Will to Live. AIDS Therapies and the Politics of Survival*, Princeton, Princeton University Press, 2007. Voir également le travail de Lori Leonard avec des adolescents aux États-Unis : L. Leonard et J.M. Ellen, « The Story of my Life. AIDS and Autobiographical Occasions », *Qualitative Sociology*, vol. 31, n° 1, 2008, p. 37-56.

lorsque, parce que les patients ne faisaient pas ce qu'on leur disait de faire, surgissaient des problèmes. Le contrôle des termes n'est pas seulement l'expression de l'autorité du médecin, mais quelque chose de fondamental pour une philosophie et une téléologie de la thérapeutique telle qu'on la prône dans l'espace clinique [1].

Il me semble qu'il y a là deux problèmes étroitement liés. Le premier concerne l'objet du discours. On peut comprendre la thérapeutique au travers des formes de discours qui sont adoptées dans la sphère clinique, et des objets auxquels ce discours renvoie. Ce qui devient de plus en plus clair avec le temps, c'est la manière dont le langage de la thérapeutique – celui qui est utilisé dans la sphère clinique – mélange le discours de l'homme de la rue à celui du professionnel. Le langage qui était utilisé pour décrire les adolescents en traitement gardait quelque chose de cette dualité. Ils allaient « bien » ou n'étaient « pas en forme », « se sentaient mieux » ou « se sentaient moins bien », étaient « sur la bonne voie » ou « sur la mauvaise pente », « assez bien pour "sortir" » ou « trop malade pour "sortir" ». La pente savonneuse qui conduit à confondre « la guérison » avec « le rétablissement » n'affectait que rarement le lexique utilisé dans la sphère clinique en tant que tel, mais cette confusion était toujours présente, tapie quelque part, sous d'autres mots. C'est en fait entre ces deux genres de discours – celui du professionnel et celui de l'homme de la rue – que se trouve le danger d'assimiler la guérison au rétablissement. Si le patient est en quelque sorte à la fois l'objet de l'art médical et un objet de discours (*à qui* l'on parle et *dont* on parle), alors le fait de négliger les registres discursifs qui maintiennent « ce que l'on arrive à faire » séparé de « ce que l'on espère » reviendrait à commettre une erreur au sens empirique (et ethnographique ?) le plus strict du terme. Concrètement, il m'a fallu identifier ces points de contact

1. Jeremy Greene a très bien mis ce point en évidence dans son travail d'historien. Voir J.A. Greene, « Therapeutic Infidelities. Noncompliance Enters the Medical Literature, 1955-1975 », *Social History of Medicine*, vol. 17, n° 3, 2004, p. 327-343 ; *Prescribing by Numbers. Drugs and the Definition of Disease*, Baltimore, Johns Hopkins University Press, 2007.

ou de rupture (le fait de mettre le patient entre parenthèses, hors de la thérapeutique, et ce n'est pas là qu'une figure de style) afin de pouvoir confronter la manière dont on s'imagine la thérapeutique avec la manière dont elle est effectivement mise en œuvre. Mon parti-pris anthropologique exigeait que j'identifie l'*endroit où* ces points de contacts se trouvaient ainsi que *la manière dont* ils émergeaient, dans le cadre d'une philosophie de la thérapeutique [1]. Ces déclarations peuvent paraître péremptoires; elles n'ont cependant pas de valeur prescriptive. Je tente simplement de me rappeler ce que j'ai essayé – et essaie encore – de faire dans ce travail.

Le second problème est celui de la distinction entre, d'une part, la santé individuelle, subjective, et d'autre part la santé collective, publique. Comme le remarque avec raison Canguilhem, si la santé est identifiée au normal, elle est toujours conceptualisée comme une fin au sens figuré [2]. Si la santé est bien un concept (ou même un domaine de concepts), alors c'est un concept grossièrement formé [3]. Canguilhem demande : « Mais est-ce parce qu'il [cet état qu'est la santé] est visé comme fin bonne à obtenir par la thérapeutique qu'on doit le dire normal, ou bien est-ce parce qu'il est tenu pour normal par l'intéressé, c'est-à-dire le malade, que la thérapeutique le vise ? » [4] Le moment de la rencontre entre la médecine (ceux qui la détiennent et ceux qui la pratiquent) et la personne malade semble rendre compte (du moins de l'extérieur) de l'entreprise collective de la médecine et des aspects subjectifs de la maladie. Mais comment un tel compte rendu est-il possible? Quelles sont les fins qui sont

1. G. Canguilhem, « Les maladies », dans *Écrits sur la médecine*, *op. cit.*

2. Voir G. Canguilhem, *Le normal et le pathologique*, *op. cit.*

3. Voir G. Canguilhem, « La santé : concept vulgaire et question philosophique », dans *Écrits sur la médecine*, *op. cit.*

4. G. Canguilhem, *Le normal et le pathologique*, *op. cit.*, p. 77. Pour une discussion concernant le poids des normes statistiques dans la création des institutions de santé publique et de médecine collective, voir également l'article de M. Foucault, « La naissance de la médecine sociale », dans *Dits et écrits II, 1976-1988*, Paris, Gallimard, 2001.

mises en jeu dans cette rencontre entre la médecine et « l'intéressé » – celui qui désire qu'on le « ramène » à l'état de santé ?

Il est parfaitement insuffisant de se concentrer sur ce qui est dit, ce qui est posé comme fin. Pour paraphraser Virginia Woolf, il semble que dans la maladie, le langage se retrouve à sec [1]. Ici, Canguilhem suggère peut-être quelque chose d'important : « Il est impossible au médecin de comprendre l'expérience vécue par le malade à partir des récits des malades. Car ce que les malades expriment dans les concepts usuels, ce n'est pas directement leur expérience, mais leur interprétation d'une expérience pour laquelle ils sont dépourvus de concepts adéquats. » [2] Bien entendu, les « concepts adéquats » sont précisément ce qui est en jeu dans les conceptualisations de la santé, en particulier quand c'est autrui qui les fournit. Que se passerait-il si, lorsque nous considérons la rencontre clinique, nous interprétions le moment où « le langage se retrouve à sec » en un sens positif plutôt que négatif? L'un des adolescents que j'ai suivis de près – Jeff – rejetait l'idée qu'il aurait pu « trouver les mots justes » pour décrire la souffrance du sevrage. Aucun terme ne serait adéquat. Et de toute façon, qu'est-ce qui justifie que nous donnions à ce qui est dit davantage de valeur qu'à ce qui reste non dit, ou ce qui ne peut pas être dit – quand ce qui est ainsi laissé en suspens demeure privé et préservé ? Il est curieux de constater que le discours de ceux qui font l'expérience de la maladie ou de la souffrance se voit souvent positivement mis en valeur lorsque l'on tente de comprendre la rencontre médicale ou l'expérience de la maladie, mais que pourtant, le discours du malade reste simultanément un objet de suspicion. La remise en question la plus radicale de cette idée se trouve sans doute dans l'ouvrage canonique de Arthur Kleinman, *The Illness Narratives*, mais on pourrait aussi bien la faire remonter à Erving Goffman [3]. Dans une certaine mesure cependant, la construction narrative de

1. V. Woolf, *De la maladie*, trad. fr. É. Argaud, Paris, Rivages, 2007.

2. G. Canguilhem, *Le normal et le pathologique*, *op. cit.*, p. 70.

3. Voir les travaux plus tardifs d'Erving Goffman dans *Façons de parler*, trad. fr. A. Kihm, Paris, Les Éditions de Minuit, 1981.

la maladie a été outrancièrement utilisée comme une *technique* ethnographique dans les travaux les plus récents sur la maladie et la souffrance [1]. Permettez-moi quelques éclaircissements, que j'emprunte à Kleinman :

> Les plaintes liées à la maladie sont ce que les patients et leurs familles fournissent au praticien. Et il est vrai que le fait de partager localement un idiome de la maladie crée un terrain commun pour le patient et le praticien, qui leur permet de se comprendre l'un l'autre dès leur première rencontre. Car le praticien, lui aussi, a été socialisé dans le cadre d'une expérience collective de la maladie particulière. La pathologie, cependant, est ce que le praticien crée en reformulant la maladie en termes de théories des troubles [2].

Le *sujet médical* n'est pas un *sujet* simplement parce qu'il parle, mais parce que le discours crée « une dialectique entre les processus corporels et les catégories culturelles, entre l'expérience et la signification » [3]. Cependant, il n'est pas nécessaire de faire preuve de beaucoup d'imagination pour se figurer des processus corporels qui contiendraient une signification non linguistique ou, faute de meilleur terme, paralinguistique – et qui se déploieraient en parallèle d'autres formes de discours ou d'expression [4]. De la même

1. A. Kleinman, *The Illness Narratives. Suffering, Healing, and the Human Condition*, New York, Basic Books, 1987. Voir l'article de João Biehl (avec Amy Moran-Thomas), « Symptom. Subjectivities, Social Ills, Technologies », *Annual Review of Anthropology*, vol. 38, 2009, p. 267-288, pour une critique de la manière dont la symptomatologie et la subjectivité sont toutes les deux confirmées dans la théorie anthropologique.

2. A. Kleinman, *The Illness Narratives*, *op. cit.*, p. 5.

3. *Ibid.*, p. 14.

4. Dans un petit article sur la maladie chronique et la mort (« A Turn Towards Dying. Presence, Signature and the Social Course of Chronic Illness in Urban America », *Medical Anthropology*, vol. 26, 2007, p. 205-227) je fais référence au « personnage » du discours dans l'ethnologie de la maladie, un personnage que l'on rencontre quelque part à mi-chemin de ce que Stefania Pandolfo, d'après Gilles Deleuze, appelle un *double-devenir* : « L'auteur fait un pas vers ses personnages, mais les personnages font un pas vers les auteurs : c'est le *double-devenir*. La fabulation n'est pas un mythe impersonnel, mais elle n'est pas non plus une fiction personnelle : c'est une *parole en acte*, un acte de langage par lequel le personnage va au-delà de la frontière qui séparerait ses affaires privées de la politique, et produit lui-même des

manière, Clifford Geertz tire son inspiration de Stanley Cavell quand il écrit : « Si le fait de parler *pour* quelqu'un d'autre paraît quelque chose de mystérieux, c'est peut-être bien parce que le fait de parler *à* quelqu'un ne le paraît pas suffisamment. » [1] S'il y a quelque chose à retenir ici, c'est la chose suivante : l'expérience inexprimée qu'a le patient de la maladie n'est ni partiale ni incomplète, elle peut s'exprimer ailleurs et sous une forme autre que narrative – dans le corps et à sa surface, par ses gestes et ce qu'ils signifient, de même que l'importance de la rencontre avec la sphère clinique peut, elle aussi, se manifester ailleurs que là où on l'attend d'ordinaire. Rien ne s'*absente* dans le dénuement du langage, mais il peut y avoir un moyen de se sortir de la distorsion que crée la confiance que l'on accorde au récit de la maladie [2].

Qu'en est-il du rétablissement ? Le rétablissement, dans ce qu'il a de plus fondamental, dérive d'une norme statistique qui est élaborée à partir de la prise en compte d'un certain nombre de corps – mais il renvoie aussi à l'idée de « restaurer » (en latin : *cura*) [3]. Le patient individuel rejoint le collectif en suivant les traces que celui-ci a laissées devant lui, sans quoi ses comportements et ses attitudes sont perçus comme nuisant au *potentiel de rétablissement* de la médecine. L'idée que le patient s'oppose au rétablissement –

assertions collectives » (S. Pandolfo, *Impasse of the Angels. Scenes from a Moroccan Space of Memory*, Chicago, The University of Chicago Press, 1997, p. 312-313).

1. C. Geertz, *The Interpretation of Cultures*, New York, Basic Books, 1973, p. 13.

2. Pour une importante discussion des perspectives historiques et épistémologiques, voir F. Delaporte, « Foucault, Canguilhem et les monstres », dans J.-F. Braunstein (dir.), *Canguilhem, histoire des sciences et politique du vivant*, Paris, P.U.F., 2007. Voir aussi M. Foucault, *Naissance de la clinique*, *op. cit.*, pour une démonstration méthodologique de ce que signifie suivre l'absent dans la découverte du nouveau (le regard clinique). Sur la question du « silence » (ou du moins de l'absence de narration), voir l'introduction brève mais provocante de Stanley Cavell à un livre sur la réalisation du film de R. Gardner, *Forest Bliss* : « L'absence de mots magnifiait mon propre silence, ou pour mieux dire, elle mettait mon silence en question ». Voir *Making Forest of Bliss. Intention, Circumstance, and Chance in Nonfiction Film*, Cambridge, Mass., Harvard Film Archive, 2001, p. 9.

3. Voir G. Jorland et G. Weisz, « Introduction. Who Counts ? », dans G. Jorland, A. Opinel et G. Weisz (dir.), *Body Counts. Medical Quantification in Historical and Sociological Perspectives*, Montreal, McGill-Queen's University Press, 2005, p. 3.

soutenir que le patient est responsable de l'échec – nous renvoie à l'impératif éthique (et économique?) qui est celui de la clinique : *faire disparaître le trouble et la souffrance*[1]. Face à l'échec, la médecine n'a un statut spécifique que parce qu'elle se fonde sur la certitude de résultats prédéterminés. C'est dans l'ombre de l'affirmation de Canguilhem, selon laquelle le rétablissement peut être empêché par l'individu, que nous trouvons des fissures analytiques importantes dans la pensée médicale, en particulier dans le contexte de la médecine fondée sur les preuves[2]. Pour faire écho au neuropsychiatre de l'époque de la Gestalt, Kurt Goldstein, on pourrait dire que l'expérience de la maladie ne dissout pas les catégories du trouble, mais plutôt qu'elle les réorganise sous une forme qui échoue à épouser les contours d'un ordre préétabli[3]. Dans le même ordre d'idées, les pages qui suivent concentrent l'attention sur l'individu – elles s'intéressent à la vie clinique et sociale du patient. Je les ai écrites en ayant pleinement conscience du fait que se focaliser sur *un* individu conduit à laisser de nombreuses questions sans réponses, concernant l'importance des découvertes, la possibilité de généralisations, et la signification au sens le plus large. Un corps affecté de symptômes – sa physiologie et sa psychologie, les registres dans lesquels on juge la guérison et le rétablissement, le statut et le contexte social et moral de l'individu – ont-il un sens pour autrui? Comme l'affirme Gilles Deleuze, à partir de sa lecture de Nietzsche : « La maladie n'est pas un motif pour un sujet pensant, ni un objet pour la pensée : elle constitue

1. Voir Gilbert Lewis (*A Failure of Treatment*, New York, Oxford University Press, 2000) pour une discussion des suites de l'échec médical, et de ce que cet échec dit de l'anticipation et des attentes liées à la pratique thérapeutique – dans son travail, en particulier entre les pratiques médicales et l'intervention médicale occidentale en Papouasie-Nouvelle Guinée.

2. Voir Jeanne Daly (*Evidence-Based Medicine and the Search for a Science of Clinical Care*, Berkeley, University of California Press, 2005) pour une discussion de la réorganisation de la pratique médicale en relation avec le soin du patient et l'épidémiologie clinique.

3. K. Goldstein, *The Organism*, New York, Zone Books, 1995.

plutôt une intersubjectivité secrète au cœur d'un unique individu. »[1] La maladie est profondément individuelle, expressive et intime. Il est essentiel de se concentrer sur l'individu, non parce que cela donne la priorité à la singularité sur la collectivité – non parce que cela induirait (étrangement cependant) de l'incertitude – mais parce qu'une telle focalisation est seule capable de montrer que les généralisations sont parfois impossibles à accepter quand on les brandit contre l'expérience individuelle du trouble[2]. Bien qu'il y en ait d'autres, l'addiction est peut-être l'un des cas le plus significatifs à cet égard.

Enfin, il est important de comprendre la signification du mot « pédagogie » dans le titre de Canguilhem (« Une pédagogie de la guérison est-elle possible? ») – pédagogie, en Grec παιδαγωγέω (paidagōgeō), de παίς (país) : enfant, et άγω (ági) : guide; littéralement « guider l'enfant »[3]. L'idée est que le rétablissement peut être, en un sens strict, le produit d'une éducation. En d'autres termes,

1. G. Deleuze, *Immanence et vie*, Paris, P.U.F., 1998 (rééd. 2006).

2. Canguilhem nous dit que des auteurs aussi différents que Henri Laugier, Henri Sigerist et Kurt Goldstein partagent tous une même perspective: «[...] on ne peut déterminer le normal par simple référence à lui-même dans des situations identiques successives ou dans des situations variées. Sur ce point, aucun auteur ne nous semble aussi instructif que Goldstein.» Voir G. Canguilhem, *Connaissance de la vie*, Paris, Vrin, 1992, p. 163. Par exemple, Goldstein n'abandonne pas la catégorie de diagnostic, mais se concentre sur la manière dont l'individu l'habite et reconstruit cette catégorie elle-même (voir *The Organism*, *op. cit.*). Il me faut être bien clair quand je dis que l'individu a la possibilité de défaire ce que l'on sait du collectif lorsque l'on approfondit la question de l'addiction, et peut-être du trouble de manière générale. Je ne défends pas du tout un individualisme totalisant en médecine. Je n'essaie pas de remplacer les universalismes par des particularismes. Il existe une très bonne littérature sur le cerveau adolescent en lien avec l'addiction – en quoi il se distingue du cerveau adulte (sur le plan développemental) et les risques spécifiques qu'il y a à l'exposition de *ce* cerveau à des drogues de quelle que sorte que ce soit. Voir T.L. Jernigan *et al.*, «Maturation of human cerebrum observed in vivo during adolescence», *Brain*, vol. 114, 1991, p. 2037-2049; R.E. Dahl et L.P. Spear (dir.), *Adolescent Brain Development. Vulnerabilities and Opportunities*, New York, Annals of the New York Academy of Sciences, 2004, vol. 1021. J'affirme simplement que l'on doit être plus précis si on veut comprendre les vies des adolescents qui prennent de la drogue: on ne peut pas faire abstraction de l'individu sur un tel sujet.

3. Je remercie François Delaporte pour ses suggestions à ce propos.

ses propriétés sont connues et peuvent être transmises comme une connaissance de type formel ou comme un comportement acquis. Réciproquement, *amener quelqu'un à se rétablir* est précisément la difficulté à laquelle les cliniciens qui traitent le problème de la toxicomanie font face. Ce problème n'a rien d'abstrait. Il se pose pour les décisions quotidiennes que prennent en pratique les cliniciens (ainsi que pour les attentes que nourrissent et expriment les patients). La tension entre *guérison* et *rétablissement* ne renvoie pas à une affaire de nomenclature ou de sémantique : on la retrouve dans l'univers existentiel des individus, et dans l'univers moral et social de la clinique. Cette tension véhicule un certain nombre de représentations de ce qu'est la vie hors des murs de la clinique, mais bien souvent celles-ci ne rendent pas compte du fait que cette vie *ailleurs* est, elle aussi, soumise à des contraintes. Le rétablissement et la guérison séparent les affirmations d'efficacité (du point de vue de la recherche) et celles d'effectivité (dans la pratique clinique quotidienne), et jettent également une lumière nouvelle sur le type de preuves sur lesquelles se fondent ces affirmations – les preuves manifestes, en un sens littéral, qui renvoient à *ce que l'on voit, ce qui se dit ou dont on atteste et ce qui est vécu*[1]. Je songe ici au parti pris en faveur de l'anthropologie philosophique que décrit Michel Foucault :

> Il y a longtemps qu'on sait que le rôle de la philosophie n'est pas de découvrir des vérités cachées, mais de rendre visible ce qui précisément est visible, c'est-à-dire de faire apparaître ce qui est si proche, ce qui est si immédiat, ce qui est si intimement lié à nous-mêmes qu'à cause de cela nous ne le percevons pas. Alors que le rôle de la science est de faire connaître ce que nous ne voyons pas, le rôle de la philosophie est de faire voir ce que nous voyons[2].

1. Je fais ici référence au latin *testimonium*, avec ses implications théologiques : *Deus est fides, veritas est testimonium* (« Dieu est la foi, la vérité est preuve »). Dans le travail de Michel Foucault, au troisième volume de son *Histoire de la sexualité, Le souci de soi*, nous trouvons un lien entre dire et connaître (dans la confession) – ainsi qu'avec la dissimulation – comme autant de composants de la connaissance de soi.

2. M. Foucault, « La philosophie analytique de la politique », dans *Dits et écrits II, op. cit.*, p. 540-541. Je remercie Sandra Laugier d'avoir attiré mon attention sur ce passage.

Dans les pages qui suivent, mon but est de donner un sens ethnographique à ce qui est *vu* et *attesté* dans la thérapeutique, et d'attirer l'attention sur l'existence des individus dans ses détails.

Les chapitres de cet ouvrage couvrent un certain nombre de domaines liés à la pharmacothérapie et aux adolescents sous pharmacothérapie, et ils sont organisés de manière à s'étayer conceptuellement, plutôt que chronologiquement, les uns les autres. Comme je l'ai indiqué précédemment, je considère ce livre comme un long essai portant sur l'anthropologie de la thérapeutique et l'organisation de l'existence quand elle se déroule sous le signe de l'intervention pharmaceutique, chaque chapitre étant comme une petite touche qui apporte sa couleur au tableau général.

Le premier chapitre, « Faire du neuf avec du vieux », prend pour point de départ les premiers essais cliniques qui ont été réalisés en vue d'évaluer l'efficacité d'un analgésique déjà existant pour le traitement de la dépendance à l'héroïne, essais conduits à Baltimore (Maryland) en 1978. Au centre du propos se trouve une réflexion sur la nature de la preuve en médecine – sur ce qui la garantit et ce qui en fait surgir les limites. Ce chapitre introduit un certain nombre de questions-clefs au sujet du développement de la buprénorphine : pourquoi la buprénorphine apparaissait-elle comme une alternative si séduisante par contraste avec la méthadone ? Comment cela a-t-il modifié la manière dont on s'est représenté et dont on a mis en œuvre le traitement de la toxicomanie ? Et de manière peut-être plus importante, quel était le type de population que l'on pensait voir bénéficier de cette nouvelle option de traitement ? Et ce traitement a-t-il pu bénéficier à ce groupe dans les faits ? Le cas des adolescents a été très largement invoqué par les argumentaires soumis en faveur de l'approbation du Subutex ® et du Suboxone ® par la Food and Drug Administration (FDA) et par la Drug Enforcement Administration (DEA). Cela paraît cependant peut-être moins surprenant lorsqu'on se replace dans le contexte de l'époque, qui était celui d'une épidémie croissante et inquiétante de consommation d'antidouleurs de prescription. Dans ces débats, la figure de l'adolescent remettait en question la stabilité de la catégorie de *personne dépendante* (l'idéal type étant un adulte ayant une histoire et un mode particuliers de consommation de drogue) ; dans le même temps, elle ouvrait un espace et une position stables à partir desquels on pouvait argumenter en faveur de besoins médicaux et sociétaux.

Le chapitre II, « Monachisme », est consacré au premier site clinique dans lequel s'est déroulée cette enquête – un ancien monastère catholique reconverti en centre clinique de traitement contre la toxicomanie à Baltimore, dans le Maryland. Ce centre de traitement, en continuité avec ce qu'il était auparavant, est un espace où les adolescents réforment leur esprit et leur corps. Ce chapitre propose une réflexion sur l'espace du sevrage à partir des conversations entretenues avec Jeff, dans lesquelles celui-ci décrit ce que l'on voit et ce que l'on ne voit pas, ce que l'on sent et que l'on entend, et ce que cela veut dire que de cohabiter avec la souffrance qu'implique le sevrage[1]. À travers les interactions entretenues avec Ty, Devon et Heather, ce chapitre s'intéresse à l'organisation formelle et informelle du temps, au désir de structure (et parfois, à son rejet), et à la difficulté qu'il y a à établir des relations avec les membres de l'institution clinique – avec l'équipe des soignants, infirmières, médecins, et avec les autres adolescents. Ce chapitre situe le « patient-sujet » – ses expressions, ses affects, ses sentiments et ses dissimulations – au sein de l'espace thérapeutique, et pose un certain nombre de questions au sujet de la représentation qu'offre l'écriture anthropologique de l'expérience symptomatique et corporelle.

Le chapitre III, « L'appropriation du soin », s'intéresse à la manière dont le danger et le risque émergent, à quoi on les attribue, et comment les consommateurs de drogues, qu'elles soient licites ou illicites, y font face[2]. La nature contradictoire de la pratique

1. Je remercie Robert Desjarlais pour m'avoir suggéré cette formulation.

2. Voir N. Rose, *The Politics of Life Itself. Biomedicine, Power, and Subjectivity in the Twenty-First Century*, Princeton, Princeton University Press, 2006 ; A. Lakoff, *Pharmaceutical Reason. Knowledge and Value in Global Psychiatry*, New York, Cambridge University Press, 2006 ; et les essais contenus dans A. Petryna, A. Lakoff

qui consiste à substituer un opioïde à un autre pour traiter la toxicomanie a fait l'objet de nombreuses discussions et débats – et il existe en outre une importante littérature historique consacrée aux paradoxes de (et à la fascination qu'exerce) la consommation de drogue en Amérique (les fluctuations de son statut légal, ses aspects médicinaux, son lien avec le plaisir, son lien avec les distinctions de classes sociales, etc.) [1]. La thérapie de remplacement représente une forme de substitution – un genre de mimésis thérapeutique ; mais que se passerait-il si les médicaments censés permettre de traiter les douleurs post-opératoires, chroniques ou aigües, étaient utilisés de manière déréglementée, quoique dans une intention thérapeutique ? Une telle substitution pourrait-elle être également considérée comme une *pharmacothérapie* ? Ce chapitre s'intéresse aux espaces qui ont été tout récemment mis en place et où le traitement des addictions est délivré au public. Dès lors, il porte sur la transition qui s'est effectuée entre les institutions spécialisées dans le traitement de la toxicomanie (comme les cliniques de méthadone) et les cabinets médicaux privés. On a considéré le fait que les professionnels de santé aient récemment obtenu la possibilité de prescrire de la buprénorphine avec davantage de facilité comme particulièrement positif. Avec cette transition s'est cependant creusé un fossé de plus en plus large entre les formes publiques et privées du traitement de l'addiction, ce qui crée des populations distinctes en termes de type de drogues consommé, de degré de dépendance, et de statut socio-économique. À partir d'entretiens avec des médecins travaillant en cabinets privés, ainsi qu'avec des médecins travaillant dans des dispositifs spécialisés dans le traitement de la toxicomanie – et tout en discutant avec une adolescente, Laura, qui fut traitée dans chacun de ces environnements cliniques – ce chapitre entend montrer

et A. Kleinman (dir.), *Global Pharmaceuticals. Ethics, Markets, Practices*, Durham, Duke University Press, 2006.

1. Voir D. Courtwright, *Dark Paradise. A History of Opiate Addiction in America*, Cambridge, Mass., Harvard University Press, 2001 ; J. Jones, *Hep-Cats, Narcs, and Pipe Dreams. A History of America's Romance with Illegal Drugs*, Baltimore, Johns Hopkins University Press, 1999.

comment le « souci de soi » et les soins offerts dans ces différents dispositifs (entrant parfois en concurrence les uns avec les autres) créent des attentes contradictoires à l'égard du traitement du point de vue de l'agent individuel.

Le chapitre IV, « Thérapie et raison », porte sur la manière dont les jugements que porte l'opinion publique sur la consommation de drogue et son traitement façonnent les préoccupations médicales. Quand il s'agit du traitement de la dépendance aux opioïdes, il y a une tension entre les notions de *licite* et d'*illicite*, puisque le traitement implique que l'on utilise un opioïde pour sevrer de l'autre. Les opioïdes utilisés pour traiter la toxicomanie sont considérés comme plus sûrs, ou du moins beaucoup moins nocifs que les drogues que l'on prend pour « planer ». Mais dans le discours public, on échoue souvent à bien saisir le calcul complexe qui est de mise quand on compare la consommation de drogue à la thérapie, en termes d'évaluation individuelle des dommages, des risques et des dangers. Qui est responsable lorsque, finalement, les choses tournent mal? Qui est responsable lorsque les patients *ne se plient pas* à une thérapie donnée, n'utilisent pas le traitement de la façon prévue ou encore en font un usage détourné? Ce chapitre tâche de répondre à ces questions en montrant comment « l'observance » et la « non compliance » sont analysées dans les termes du raisonnement clinique, et comment le raisonnement clinique lui-même est détourné[1]. Il est organisé autour de l'étude ethnographique du cas de trois adolescents : Cedric, Wayne et Megan. Leur histoire montre que certaines formes de raisonnement clinique, qui trouvent leur source dans la pratique de l'automédication, sont empreintes d'un sentiment de sécurité à la fois sociale et intime, et en retour contribuent à recréer une forme de thérapeutique.

Le chapitre V, « La qualité de patient », présente une réflexion théorique sur les différentes manières dont la catégorie de « patient » était appréhendée par les adolescents que j'ai suivis. En référence aux travaux de Georges Canguilhem, Michel Foucault,

1. Sur la thérapie et le raisonnement clinique en lien avec la biologie, voir l'ouvrage de F. Dagognet, *La raison et les remèdes*, Paris, P.U.F., 1964.

Friedrich Nietzsche et d'autres, je soutiens que le patient n'est ni exclusivement cette position de sujet qu'occupe la personne qui fait l'expérience du trouble, ni un pur objet d'intervention médicale. Il serait plus juste de dire que *être un patient est une catégorie de pensée*. Les cliniciens avec lesquels j'ai travaillés avaient des idées très précises de ce que (ou de qui) était un patient ou n'en était pas un. Mais les patients aussi. Ces conceptions communes – ou parfois divergentes – de ce que c'est qu'être un patient sont au cœur du processus thérapeutique du traitement de la toxicomanie. Ce chapitre reprend alors les discussions précédentes concernant les critères du succès et de l'échec thérapeutiques, et se demande dans quelle mesure ces derniers répondent à la réalité du traitement et du soin telle que la vivent les différents acteurs qui y sont impliqués.

Le dernier chapitre, « Disparitions », s'efforce d'éclaircir le mystère de la disparition de deux adolescents, Keisha et Kevin, et d'expliquer la mort de Jeff et Tanya. Dans ce chapitre, j'ai recours à certaines des premières conversations qui ont été entretenues au centre par les cliniciens, les travailleurs sociaux et les adolescents, au sujet de ce qu'ils projetaient pour l'avenir. Il s'attarde notamment sur la *présence* et son pouvoir de transformation – une présence qui est aussi l'ombre dans laquelle le travail anthropologique trouve sa place – et s'intéresse à la question de savoir dans quelle mesure la médecine et les sciences sociales se fondent sur des intuitions spécifiques pour accéder aux individus qui sont leur objet d'étude. J'y réfléchis aux conséquences qu'implique une telle dépendance, et me demande jusqu'à quel point les partis pris anthropologiques peuvent s'accommoder du phénomène de la perte.

Comment comprendre la thérapeutique une fois que le moment proprement médical est arrivé à son terme ? Dans les pages qui viennent, je m'intéresse à cette question en explorant les limites du soin, de la guérison, ainsi que les affirmations que l'on emploie pour définir le succès et l'échec thérapeutiques, et pour les distinguer. Mon approche ethnographique se focalise sur l'intersection entre la médecine clinique et la vie sociale, à l'endroit où les objets médicaux et pharmacologiques qui se présentent sous le signe de la thérapeutique sont constitués comme tels. En réunissant les détails d'une histoire de la pharmacothérapie et les expériences des individus en thérapie, je dépeins le difficile retour en arrière, vers *un ordre antécédent* (pour utiliser une expression de Canguilhem), et me demande : « d'un retour vers quel genre d'ordre s'agit-il ? » Ce faisant, je passe en revue les différents critères en compétition dans l'évaluation des interventions médicales – ceux des patients, des familles, des chercheurs et des médecins. Ce livre est l'histoire d'un processus thérapeutique bien établi dont on a tiré un certain nombre de conclusions, et il indique la manière dont ces conclusions elles-mêmes contribuent à *former* la thérapeutique. Enfin, il s'agit d'une histoire où se mêlent à la fois réussites et échecs, et qui met en évidence les systèmes complexes de relations et de valeurs que représente une nouvelle thérapie.

Il me semble pertinent de commencer ce livre à l'endroit même où Canguilhem clôt son article – là où il en revient à son titre et soumet l'idée d'une *pédagogie de la guérison* à un examen particulièrement serré (*peut-on apprendre à guérir ?*) : « Apprendre à guérir, c'est apprendre à connaître la contradiction entre l'espoir d'un jour et l'échec, à la fin. » [1]

1. G. Canguilhem, « Une pédagogie de la guérison est-elle possible ? », art. cit., p. 99.

CHAPITRE PREMIER

FAIRE DU NEUF AVEC DU VIEUX

Au moment où j'écris ce livre, on estime le nombre de personnes traitées à la buprénorphine pour dépendance aux opiacés à plus de 500.000 [1]. Aux États-Unis, environ 16.000 médecins ont accompli la formation requise pour pouvoir prescrire ce médicament à leurs patients. Depuis son approbation en 2002, la buprénorphine s'est très rapidement imposée, en Amérique, comme traitement par agoniste de première ligne pour lutter contre le symptôme de sevrage, et comme nouvelle alternative pour les thérapies de substitution. En 2010, l'autorisation de mise sur le marché d'une nouvelle forme de médicament, des timbres sublinguaux de Suboxone®, a fait de la buprénorphine une alternative de traitement plus séduisante encore, tant pour les patients que pour les médecins [2].

Lorsque j'ai débuté mon étude, je me suis intéressé à l'efficacité clinique de la buprénorphine. La pharmacothérapie *marche-t-elle* pour atténuer les effets du sevrage et de la dépendance chez les adolescents toxicomanes (soit à l'héroïne, soit à des analgésiques opioïdes [antidouleurs délivrés sur ordonnance]) [3] ?

1. Drug Enforcement Administration, Document de synthèse, Buprenorphine Summit (20 février 2008) : http://www.buprenorphine.samhsa.gov/presentations/Buprenorphine_Summit. 02.21.08.v2.ppt (consulté le 10 septembre 2015).

2. *Reckitt Benckiser Press Release, « Reckitt Benckiser Pharmaceuticals Inc. Receives FDA Approval for Suboxone® (Buprenorphine and Naloxone) Sublingual Film C-III », 31 août 2010.*

3. T.R. Kosten, C. Morgan et H.O. Kleber, « Phase II Clinical Trials of Buprenorphine. Detoxification and Induction Onto Naltrexone », *NIDA Monograph*, vol. 121, 1992, p. 101-119 ; J.W. Lewis et D. Walter, « Buprenorphine – Background

Plus précisément, j'ai cherché à comprendre ce qui se joue dans la définition de ce que c'est qu'une thérapie *qui marche* du point de vue des jeunes patients, en particulier une fois achevé leur séjour dans des institutions cliniques où ils sont sous étroite surveillance. Mon problème n'a jamais été de savoir pourquoi la consommation de drogue persiste, ou pourquoi les périodes d'abstinence sont souvent ponctuées de crises diverses. Je cherche plutôt à saisir comment on peut déterminer la valeur d'un outil thérapeutique (en l'occurrence, une intervention pharmaceutique). C'est l'*après-vie* de la thérapie qui est au centre de mon attention : comment est-ce qu'une « carrière thérapeutique » peut être poursuivie en même temps qu'une « carrière de toxicomane », même (et peut-être tout particulièrement) quand la première se caractérise par la poursuite de l'usage de drogues illicites, mais aussi par des périodes de décrochage, et des moments où l'on est présent, ou bien où l'on disparaît, de l'espace institutionnel.

AUX MARGES DU CONNAÎTRE

Dans presque toutes les études conduites depuis 1992, les effets à long terme de la buprénorphine quand on l'utilise comme thérapie de substitution sont décrits comme encore inconnus, ce qui constitue une limitation majeure pour l'horizon de la recherche[1]. Dans la conclusion d'un rapport Cochrane sur l'usage de la buprénorphine pour lutter contre la toxicomanie, les auteurs suggèrent que cette limitation n'est pas un artéfact des méthodologies de recherche existantes, mais qu'elle constitue bien un défi inhérent pour les possibilités analytiques de la recherche en addictologie[2]. La nature de l'addiction à la drogue ne se soumet pas aisément aux formes

to Its Development as a Treatment for Opiate Dependence», *NIDA Monograph*, vol. 121, 1992, p. 5-11.

1. L. Gowing et A. White, «Buprenorphine for the Management of Opioid Dependence. Review», *Cochrane Database of Systematic Reviews*, vol. 2, 2006, article n° CD002025.

2. *Ibid.*

traditionnelles du *connaître* (une combinaison de circonstances, de motivations, de données neurobiologiques, et d'autres facteurs encore)[1]. Ce que l'on entend par guérir ou « se sortir » de la drogue, en médecine de l'addiction et dans la communauté des soignants, est sans doute assez loin de l'image que l'on se fait par ailleurs des résultats d'un traitement quand il est efficace. Mais dans le même temps, *il y a* bien une conceptualisation de ce qu'est le succès à l'œuvre quand on entre dans le domaine de la pharmacothérapie. Le temps est un des aspects à prendre en compte quand on évalue s'il y a succès ou non (l'abstinence à l'égard de la drogue est-elle quelque chose qui se produit entre des points donnés dans le temps ?), le projet personnel en est encore un autre (est-ce que ce que l'on espérait pour l'avenir – du point de vue des chercheurs, des médecins, des patients, des parents et des membres de la famille – s'est réalisé ?). Mais chacun d'eux, cependant, est aussi insaisissable qu'il est illusoire. La limitation, qui est en partie technique et concerne aussi en partie les aspirations mêmes qui sont nourries, pose un problème épistémologique autant qu'une question clinique : quelles sont les *limites du connaître* quand il s'agit d'évaluer si un traitement marche ? Où ces limites commencent-elles et où prennent-elles fin ?

Il existe une littérature récente en anthropologie médicale qui s'intéresse aux débats, par ailleurs préexistants, entourant l'intervention pharmaceutique. Le travail tout à fait novateur de João Biehl sur les thérapies anti-rétrovirales au Brésil montre que la pauvreté et la marginalisation ne constituent pas seulement le contexte dans lequel les interventions médicales sont réalisées, mais qu'elles peuvent aussi donner et retirer leur valeur *aux* thérapies émergentes, ainsi qu'aux vies qui sont menées sous l'influence d'une intervention médicale[2] – un ensemble d'affirmations que Vinh-Kim Nguyen développe en montrant que les décisions politiques au sujet des thérapies concernant le SIDA reconfigurent

1. N.D. Volkow, « What Do We Know about Drug Addiction ? », *American Journal of Psychiatry*, vol. 162, 2005, p. 1401-1402.

2. J. Biehl, *Will to Live*, *op. cit.* ; J. Biehl et A. Moran-Thomas, « Symptom. Subjectivities, Social Ills, Technologies », art. cit.

les relations politiques et sociales en Afrique de l'Ouest [1]. Le travail particulièrement précis d'Adriana Petryna sur l'expérimentation médicale met en évidence, et de manière détaillée, l'interdépendance et la variabilité des relations qu'entretiennent l'éthique et la logique des marchés, dans la production d'une connaissance scientifique significative à partir de recherches et d'essais cliniques à grande échelle [2]. L'étude conduite par Andrew Lakoff sur la pratique psychiatrique et les biotechnologies en Argentine démontre que les idéologies transforment le raisonnement clinique, conditionnent la connaissance et les objets d'intervention eux-mêmes [3]. Plus récemment, le travail ethnographique audacieux et particulièrement approfondi d'Angela Garcia concernant l'usage de l'héroïne dans le sud-ouest Américain se penche sur la manière inattendue dont la consommation de drogue en vient à fournir un cadre à l'expression de certaines relations, d'un certain sentiment d'appartenance, mais aussi de dépossession [4]. Le fait de me concentrer sur une pharmacothérapie destinée à des adolescents toxicomanes m'a conduit à m'intéresser à nombre des problématiques qui ont déjà été abordées par la littérature récente, mais j'ai voulu mettre plus particulièrement en évidence les façons dont l'expérience de la thérapie (aussi fractionnée soit-elle) relie l'individu *au* social et *au* clinique – et montrer que cette expérience est non seulement quelque chose que l'on met souvent de côté, en vertu de l'idéal clinique que définissent la médecine ou la recherche scientifique, mais qu'en plus, elle met paradoxalement le raisonnement clinique en relation avec les univers sociaux qui se trouvent hors de l'espace clinique, ce qui réoriente la thérapeutique de l'intérieur vers l'extérieur.

1. V.-K. Nguyen, *The Republic of Therapy. Triage and Sovereignty in West Africa's Time of AIDS*, Durham, Duke University Press, 2010.

2. A. Petryna, *When Experiments Travel*, *op. cit.*

3. A. Lakoff, *Pharmaceutical Reason*, *op. cit.*

4. A. Garcia, *The Pastoral Clinic. Addiction and Dispossession along the Rio Grande*, Berkeley, University of California Press, 2010.

UNE MÉTHODE, EN UN SENS

Il me faut exposer ici les principes de l'approche méthodologique que j'ai adoptée dans mon étude – ainsi que ses limites. J'ai tenté de retranscrire en détail la vie de douze adolescents pendant le temps qu'ils ont passé à l'intérieur et à l'extérieur d'un centre de traitement et de réhabilitation pour toxicomanes. Ce centre de traitement, un ancien monastère reconverti abritant soixante-cinq adolescents en moyenne, était le meilleur endroit où recruter des adolescents pour mon étude, sur la recommandation d'un médecin ou d'un travailleur social. Je n'ai pas procédé à l'étude d'une cohorte de sujets à proprement parler, c'est-à-dire en considérant un groupe donné d'adolescents à partir d'un temps zéro, pour les suivre collectivement sur trois ans. Les critères cliniques de la dépendance aux opiacés (héroïne et/ou opioïdes sur prescription), tout comme le traitement à la buprénorphine (soit dans le cadre d'un essai clinique, ou simplement comme traitement), étaient des choses beaucoup trop particulières dans cette population clinique-ci, pour qu'il m'ait été possible de recruter douze adolescents d'un coup. La consommation de différentes substances ne signifiait pas toujours dépendance aux opiacés, et s'il s'agissait bien d'opiacés, cela n'impliquait pas toujours qu'on avait recours à de la buprénorphine pour le traitement [1]. J'ai donc recruté des adolescents à différents moments au cours de ces trois années.

Une fois sortis du centre de traitement j'ai continué à les suivre par l'intermédiaire de leurs réseaux de relations. Les réseaux d'amis, familiaux, de tuteurs et de responsables légaux, de travailleurs sociaux, d'agents de liberté conditionnelle, etc., constituaient une sorte de tissu conjonctif entre le centre de traitement et le monde extérieur. Mais ceci n'a jamais pris le pas sur mes interactions, bien qu'elles furent épisodiques, avec les adolescents. Bien que le caractère irrégulier de mes interactions avec eux soit le résultat de difficultés individuelles et de circonstances collectives, il mérite que

1. M. Fishman, A. Bruner et H. Adger, « Substance Abuse among Children and Adolescents », *Pediatric Review*, vol. 18, 1997, p. 394-403.

j'en dise un mot. Au premier abord, il me semblait que le centre de traitement me fournissait le meilleur endroit où organiser mes activités de recherche. Il m'est cependant rapidement apparu qu'il y régnait la même insécurité qu'à l'extérieur de ses murs. Le monde hors de l'espace clinique n'était, pour paraphraser la formule de Merleau-Ponty à propos de l'intériorité corporelle, *pas ailleurs*. Il serait plus juste de dire que l'espace clinique était transporté en d'autres endroits – un genre d'intra-corporalité entre le corps et le lieu – même si ces autres endroits n'étaient, en un sens, nulle part [1]. Tout en réfléchissant à la question de savoir comment (et pourquoi) cet *ailleurs* – ce *nulle part* – pouvait mériter une quelconque attention, j'ai été frappé par les récents travaux de Michael Taussig à propos du domaine de la recherche ethnographique. Il écrit :

> On dit souvent que la science se déroule en deux étapes : la logique imaginative de la découverte, suivie de la sévère discipline de la preuve. Cependant, la preuve est bien difficile à saisir quand on en vient à se préoccuper de problèmes humains ; un réseau social n'est pas un laboratoire, les lois de cause à effet n'ont aucune pertinence quand il s'agit de l'âme, et il faut trouver la signification des événements et des actions quelque part ailleurs, par exemple dans le mélange d'émotions et de raison qui s'empare en premier de l'anthropologue à l'occasion de ses voyages [2].

C'est bien un tel mélange d'émotions et de raison qui motive l'enquête ethnographique à la poursuite d'adolescents que l'on perdrait sinon de vue, aussitôt sortis de l'espace clinique.

Afin de pouvoir rencontrer des adolescents sous traitement, je me suis impliqué dans un essai clinique de phase III portant sur la buprénorphine, qui était organisé par le centre de traitement de Baltimore – un essai mis en place par le National Institutes of Health/National Institute on Drug Abuse Clinical Trials Network. L'essai visait à comparer deux types de traitement différents afin d'évaluer l'efficacité du Suboxone® sur une large cohorte

1. M. Merleau-Ponty, *Le visible et l'invisible*, Paris, Gallimard, 1964.

2. M. Taussig, *I Swear I Saw This. Drawings in Fieldwork Notebooks, Namely My Own*, Chicago, The University of Chicago Press, 2011, p. XI.

d'adolescents toxicomanes. Le centre résidentiel de traitement de Baltimore faisait partie des six sites nationaux impliqués. Lorsque j'ai commencé à y recruter des adolescents pour mon étude, l'essai clinique était déjà bien avancé.

Le but de l'essai clinique était de comparer deux modes de traitement. Les chercheurs ont réparti les adolescents au hasard dans deux groupes : un groupe de thérapie directe, sans thérapie psychosociale à long terme, sur 14 jours ; et un groupe sous traitement très contrôlé, avec thérapie psychosociale, sur 12 semaines [1]. Au terme de l'essai, alors que les adolescents du groupe des 12 semaines manifestaient au départ de meilleurs résultats (le rapport mentionne moins de crises de manque et une baisse de la consommation d'autres opiacés), le résultat le plus frappant de l'étude fut qu'il n'y avait pas de différence entre les deux groupes traités à l'issue de la période de suivi de 12 mois. Au départ, il y avait une meilleure rétention dans le groupe des 12 semaines, qui recevait un traitement plus intensif et plus contrôlé, mais à terme, les groupes étaient impossibles à distinguer et ce, quel que soit le niveau d'intervention. De plus, les chercheurs ont rapporté avoir eu de la difficulté à estimer le nombre de patients qui étaient parvenus à une guérison complète, entendant par là « un mode de vie maintenu volontairement, caractérisé par la sobriété, la santé personnelle, et la capacité de se comporter en citoyen » [2]. Les conclusions que les chercheurs ont tirées de l'étude étaient claires : la rétention dans un traitement à long terme est un élément important pour le succès ou l'échec d'une thérapie, mais on en sait peu sur ce qui se passe une fois que les adolescents sortent des environnements de traitement sous contrôle.

1. G.E. Woody, S.A. Poole, G. Subramaniam *et al.*, « Extended vs. Short-term Buprenorphine-Naloxone for Treatment of Opioid-Addicted Youth. A Randomized Trial », *Journal of the American Medical Association*, vol. 300, n° 17, 2008, p. 2003-2011. Les grandes lignes du protocole et les principaux résultats sont tirés de cet ouvrage et du site web du Clinical Trials Network : http://clinicaltrials.gov/ct2/show/NCT00078130 (consulté le 10 septembre 2015).

2. G.E. Woody, S.A. Poole, G. Subramaniam *et al.*, « Extended vs. Short-term Buprenorphine-Naloxone for Treatment of Opioid-Addicted Youth », art. cit.

Au cours des semaines qui ont suivi la communication des résultats de l'étude, j'ai longuement discuté avec les chercheurs qui y avaient pris part. J'en suis venu à éprouver de l'admiration pour plusieurs de ces cliniciens – des cliniciens qui m'ont fortement soutenu et ont encouragé mes efforts pour suivre les adolescents au-delà des murs du centre de traitement, et au-delà de la période de suivi fixée par leur étude. À l'occasion d'une rencontre qui a eu lieu à Baltimore quelques semaines après que les données furent recueillies, plusieurs des chercheurs ont partagé leurs sentiments à propos des résultats avec moi :

> [Médecin] : Il est vraiment difficile de savoir ce qui marche et ce qui ne marche pas. Les données indiquent que la thérapie marche, mais avec un gros bémol : le temps.
>
> [Assistante de recherche] : Mais est-ce que c'est vraiment important ? Je veux dire, pendant que les jeunes étaient là, ils allaient bien. Mais quand ils sortent, qu'est-ce que vous voulez faire ? Papa, maman, les copains, la société… ce sont des choses qu'on ne peut vraiment pas contrôler, non ?
>
> Todd : Êtes-vous en train de dire que les choses dont vous venez de parler ne peuvent pas être prises en compte dans les études ?
>
> [Médecin] : Non, ce n'est pas ça qu'elle veut dire. L'idée, c'est que c'est pratiquement impossible à saisir. Vous pouvez dire « ce jeune a participé au groupe de thérapie », ou « ce jeune est venu à ses rendez-vous », ou « ce jeune a lâché l'affaire », mais savoir dans le détail quelles sont les… euh… circonstances complexes qui expliquent tout ça, c'est une question complètement différente. Ça ne va pas changer la manière dont je traite les jeunes quand ils commencent à être dépendants, ou même quand ils s'en sortent.
>
> [Infirmière clinicienne] : Je vois très bien ce que vous aimeriez, mais l'étude n'est pas faite pour donner ce qui serait pour vous la situation idéale, c'est-à-dire être comme une petite souris qui pourrait tout observer dans la vie de ces jeunes, ou repérer les milliers de petites variables qui peuvent avoir ou non quelque chose à voir avec le médicament lui-même. Nous essayons d'être attentifs à tout ça quand les jeunes arrivent en traitement, mais en tant que cliniciens, pas en tant que chercheurs.

> Todd : Je dis juste qu'on a l'impression qu'un grand nombre de choses qui ne sont pas prises en compte ont pourtant manifestement une influence sur le fait qu'un jeune reste clean sur le long terme ou non, et il doit arriver que les choses se cassent la figure [...].
> [Médecin] : [Riant] On ne se moque pas de vous, c'est simplement qu'il faut que vous sachiez ce que c'est qu'un essai contrôlé randomisé en vrai. Le médicament marche – mais à long terme, les choses se mettent à aller de travers. Ça ne change rien aux exigences de soin. Vous avez raison, bien sûr, de chercher à saisir d'autres facteurs, mais c'est un problème de sciences humaines. Allez-y, c'est votre domaine.

Les résultats de l'essai posent en effet un vaste problème de « sciences humaines », à savoir, le problème des facteurs extérieurs à la pharmacothérapie et qui en déterminent pourtant le succès. Il semble y avoir une grande différence entre la perspective *clinique* et celle de la *recherche*, mais en définitive, « cela ne change rien aux exigences de soin ». Quand l'infirmière clinicienne qui intervenait dans l'étude parle de faire attention aux choses qui entourent la réception de la thérapie, on voit que des indications non-discursives concernant l'efficacité de la thérapie (des affects, des comportements, des manières d'être) deviennent discursives – ce sont ces *choses* dont on parle toute la journée dans l'espace clinique. Le fait que les détails de l'univers de vie d'un patient ne puissent pas trouver de place appropriée dans la recherche en dit long. Mais la manière dont, d'une certaine manière, on les exclut de la recherche est encore plus révélatrice, puisque l'on en fait des éléments « cliniques » au sens le plus abstrait du terme.

Le fait de tenir « la clinique » en retrait pour les besoins de la « recherche » ne constituait pas un problème en soi. Il est clair que les résultats de l'étude, bien que frustrants, n'ont pas ébranlé l'implication dans la pharmacothérapie ni remis en cause l'intégrité de l'essai clinique lui-même. Les chercheurs ont fermement défendu les frontières qui séparent la recherche du traitement (pour citer un clinicien, « la recherche, c'est la recherche, le traitement, c'est le traitement, et tout ce qui se passe à l'extérieur est à l'extérieur » –

tout dépend du type de question que vous posez »). Les résultats (et les réactions qu'ils ont suscitées) ont mis en lumière un problème crucial, à savoir le fait que la pharmacothérapie occupe une place assurée dans la logique de la recherche et du traitement, alors que celle de l'expérience individuelle de la thérapie à long terme l'est beaucoup moins.

En définitive, j'avais beaucoup de questions auxquelles on ne pouvait pas répondre en continuant à soutenir que la recherche, le traitement, et l'expérience de la thérapie pouvaient demeurer des choses clairement séparées les unes des autres. Qu'arrive-t-il aux adolescents qui ne vont pas jusqu'au bout du traitement ? Ou qui disparaissent une fois que l'étude est terminée ? Comment faut-il les traiter ? Et quelle influence ces résultats ont-ils sur l'histoire mouvementée de la buprénorphine ?

Du neuf avec du vieux

Le 9 octobre 2002, le sénateur américain du Michigan, Carl Levin, a publié un communiqué de presse annonçant l'autorisation de mise sur le marché de la buprénorphine pour le traitement de la toxicomanie [1]. Le document faisait référence à toute une constellation d'essais cliniques démontrant l'efficacité de la buprénorphine comme pharmacothérapie pour l'arrêt de la consommation d'opiacés et comme thérapie de substitution, essais qui avaient été jugés probants à l'issue des auditions du Congrès portant sur l'autorisation de mise sur le marché de ce médicament [2].

1. Communiqué de presse de Carl Levin (Sénateur du Michigan) : « FDA Approval of Buprenorphine », 9 octobre 2002 ; communiqué de presse de Carl Levin (Sénateur du Michigan) : « FDA Approval of Medication to Combat Heroin Addiction Culminates Long-Fought Battle, Says Levin », 9 octobre 2002.

2. Rapport de la Chambre 106-441, Partie 1, Drug Addiction Treatment Act, 30 juillet 1999. Le sous-comité a reçu les témoignages de Orrin Hatch, Sénateur (Utah) et Carl Levin, Sénateur (Michigan) ; Dr. Alan I. Leshner, Directeur, National Institute on Drug Abuse, accompagné par Dr. Frank J. Vocci, Directeur, Medications Development Division, National Institute on Drug Abuse ; Dr. H. Westley Clark, Directeur, Center for Substance Abuse Treatment, Substance Abuse and Mental

À la suite de ces recherches, on pensait avoir mis au point un nouveau traitement – un traitement qui redonnait de l'espoir pour les milliers de personnes dépendantes à l'héroïne et aux opiacés de prescription [1]. Le premier de ces essais cliniques avait commencé vingt-quatre ans auparavant.

En 1978, Donald Jasinski dirigea un petit essai clinique ayant recours au Buprenex® (un analgésique recommandé pour le traitement des douleurs post-opératoires modérées à sévères) pour tenter de traiter la toxicomanie chez des adultes dépendants à l'héroïne [2]. Jasinski et ses collègues réalisèrent leurs travaux à l'hôpital Bayview de Baltimore, l'un des centres médicaux de l'Université Johns Hopkins. Les participants à l'étude étaient à tout point de vue de grands toxicomanes. Les critères d'inclusion mentionnaient le fait d'être dépendant depuis au moins quatre mois et de consommer de l'héroïne deux fois par jour ou plus. Il y avait trois groupes de traitement : 1) buprénorphine, 8 mg/jour, en prise sublinguale ; 2) méthadone 20 mg/jour, par voie orale ; et 3) méthadone, 60 mg/jour. L'étude consistait à donner aux patients

Health Services Administration ; Dr. Charles Schuster, Directeur de la Clinical Research Division on Substance Abuse, Wayne State University, Detroit, Michigan, accompagné par Mr. Odis Rivers, Citoyen, État du Michigan ; Dr. Larry L. Alexander, Médecin Urgentiste, du Baylor Medical Center à Irving ; Mr. Robert E. Anderson, Directeur, Research and Program Applications, National Association of State Alcohol and Drug Abuse Directors ; Ms. Jenny Collier-McColl, Directrice du National Policy, Legal Action Center ; et du Dr. Thomas Kosten, Président, American Academy of Addiction Psychiatry. Lettre datée du 14 juillet, adressée au Représentant John D. Dingell : « Les produits que sont la buprénorphine et la buprénorphine/naloxone sont censés toucher de nouveaux groupes d'individus dépendants aux opiacés – par exemple, ceux qui n'ont pas accès aux programmes de traitement à la méthadone, ceux qui ont des réticences à y entrer, et ceux pour lesquels ils ne sont pas adaptés (cela incluerait, par exemple, les individus qui sont dépendants depuis moins d'un an ou ceux qui sont dépendants à de faibles doses). »

1. Sénateur Carl Levin, communiqué de presse, 9 octobre 2002.

2. D.R. Jasinski, J.S. Pevnick et J.D. Griffith, « Human Pharmacology and Abuse Potential of the Analgesic Buprenorphine. A Potential Agent for Treating Narcotic Addiction », *Arch Gen Psychiatry*, vol. 35, n° 4, 1978, p. 501-516. Tout à fait par hasard, 1978 est aussi l'année où l'article de Georges Canguilhem, « Une pédagogie de la guérison est-elle possible ? », fut publié.

une dose de médicament sur 120 jours en phase d'induction, puis une phase de maintien avec médicament et dosage identiques, suivie d'une phase de 49 jours de réduction progressive de la dose, et enfin 11 jours de placebo. Les deux mesures de résultats de leur étude évaluaient la rétention au traitement et la présence d'opioïdes dans les échantillons d'urine. À cette époque, cette étude fut le plus vaste essai contrôlé randomisé à démontrer l'efficacité de la buprénorphine par comparaison avec le traitement traditionnel, qui était alors la méthadone [1]. *In fine*, les chercheurs découvrirent qu'il n'y avait pas de différence entre les groupes durant la phase de désintoxication, mais qu'il y avait un meilleur taux de rétention dans le groupe sous buprénorphine, ce qui suggérait que ce médicament présentait un potentiel important à titre de thérapie alternative, par rapport à la méthadone. La buprénorphine n'était pas un médicament miracle, cependant elle était tout aussi efficace comparée aux thérapies existantes pour le traitement de la toxicomanie – son avantage étant qu'elle était plus sûre et semblait, d'après les rapports, présenter un risque d'« abus potentiel » moins important que la méthadone.

Des séries d'essais contrôles randomisés ont alors suivi, évaluant l'efficacité de la buprénorphine (un agoniste partiel du récepteur-μ) par comparaison avec celle de la méthadone (un agoniste total du récepteur-μ) [2], ainsi que des essais comparant la buprénorphine à un placebo [3]. Le succès de la buprénorphine, du point de vue de

1. Je remercie Lindsey Jorgensen de m'avoir donné des détails supplémentaires à l'occasion de conversations menées alors que l'on s'apprêtait à soumettre la buprénorphine à une étude d'impact, à l'école de médecine de l'université Johns Hopkins (Steven Goodman et Harry Marks, directeurs de la recherche).

2. W. Ling et D.R. Wesson, « Clinical Efficacy of Buprenorphine. Comparisons to Methadone and Placebo », *Drug and Alcohol Dependence*, vol. 70, 2003, S49-S57 ; W.K. Bickel, M.L. Stitzer, G.E. Bigelow, I.A. Liebson, D.R. Jasinski et R.E. Johnson, « A Clinical Trial of Buprenorphine. Comparison with Methadone in the Detoxification of Heroin Addicts », *Clin Pharma Ther*, vol. 43, n° 1, 1988, p. 72-78.

3. R.E. Johnson, T. Eissenberg, M.L. Stitzer, E.C. Strain, I.A. Liebson et G.E. Bigelow, « A Placebo Controlled Clinical Trial of Buprenorphine as a Treatment for Opioid Dependence », *Drug and Alcohol Dependence*, vol. 40, 1995, p. 17-25 ; R.E. Johnson, J.H. Jaffe et P.J. Fudala, « A Controlled Trial of Buprenorphine

la recherche, laissait penser que ce médicament constituerait une bonne alternative à la méthadone, et a rapidement détourné l'attention des autres nouvelles thérapies contre la toxicomanie qui étaient alors envisagées [1] – alors que l'on avait découvert que d'autres médicaments encore avaient un certain potentiel de succès [2]. La recherche sur la buprénorphine a fait beaucoup d'ombre à ces thérapies alternatives potentielles [3]. Cependant, la *manière* d'administrer au mieux la nouvelle thérapie (par voie intraveineuse, orale, sublinguale) et à quelle vitesse (induction rapide, arrêt progressif), cela restait encore assez obscur [4].

En 1995, une collection d'études fut réunie dans un même volume de publications, en anticipation de l'autorisation de mise sur le marché de la buprénorphine comme traitement contre la

Treatment for Opioid Dependence», *Journal of the American Medical Association*, vol. 267, n° 20, 1992, p. 2750-2755. Alors que ces essais comparatifs ont commencé en 1992, il est important de noter que le traitement à la buprénorphine en cabinet de ville a débuté en France en 1996, une fois que des réponses ont été apportées aux importantes interrogations concernant les effets secondaires, la relation dose-effet, et aux inquiètudes concernant des conséquences comme la détresse respiratoire, avec le Subutex® – de la buprénorphine à haute dose – et alors que ce médicament n'était encore autorisé que pour le traitement de la douleur, les prescriptions non conformes aux indications ont commencé à s'envoler en 1996. Voir A.M. Lovell, «Addiction Markets. The Case of High-Dose Buprenorphine in France», dans *Global Pharmaceuticals*, *op. cit.*

1. Food and Drug Administration, «Drug Shortage. Drug to be Discontinued Letter from Roxane», (ORLAAM [Levomethadyl hydrochloride acetate] Solution), 23 août 2003.

2. Voir H.D. Kleber, «Naltrexone», *Journal of Substance Abuse Treatment*, vol. 2, 1985, p. 117-122.

3. W.K. Bickel, «A Clinical Trial of Buprenorphine», art. cit.

4. R.E. Johnson, E.J. Cone, J.E. Henningfield et P.J. Fudala, «Use of Buprenorphine in the Treatment of Opiate Addiction. I. Physiologic and Behavioral Effects During a Rapid Dose Induction», *Clin Pharmacol Ther*, vol. 46, n° 3, 1989, p. 335-343 ; P.J. Fudala, J.H. Jaffe, E.M. Dax et R.E. Johnson, «Use of Buprenorphine in the Treatment of Opioid Addiction. II. Physiologic and Behavioral Effects of Daily and Alternate-Day Administration and Abrupt Withdrawal», *Clin Pharmacol Ther*, vol. 47, n° 4, 1990, p. 525-534.

toxicomanie[1]. L'année même de cette publication, Rolley Edward (Ed.) Johnson et ses collègues conduisirent un nouvel essai au Bayview Hospital de Baltimore, un essai contrôlé du traitement à la buprénorphine contre placebo, pour fournir davantage de preuves de son efficacité. En dépit de leurs tentatives, les résultats de l'étude de Johnson ne parvinrent pas à déboucher sur une approbation du traitement par la FDA (Food and Drug Administration). Le traitement était nouveau et efficace, mais l'évolution du profil des populations consommatrices a suscité un certain émoi dans l'opinion publique, ainsi qu'une mobilisation politique inédite. Ces deux éléments ont été décisifs[2]. Il existait d'autres options de traitement que la méthadone, et puisqu'on pouvait les prescrire exactement de la même manière que la méthadone, on n'était guère pressé de remplacer systématiquement la thérapie agoniste de première ligne par la buprénorphine[3]. Même du côté du public, on souhaitait le maintien de la méthadone[4]. Lorsque Mark McClellan, le commissaire de la FDA, écrivit un court article dans le *Journal of the Medical Association* pour annoncer l'approbation de la buprénorphine en 2002, il dit un mot des problèmes posés par la consommation d'héroïne tels qu'on les connaissait déjà, mais l'essentiel de son propos portait sur l'étendue insoupçonnée de l'abus de narcotiques de prescription, et les coûts sociaux liés à *cette* forme particulière d'abus[5]. Ce n'est qu'après que l'attention du corps social et des professionnels de l'épidémiologie se fut

1. A. Cowan et J.W. Lewis (dir.), *Buprenorphine. Combating Drug Abuse with a Unique Opioid*, New York, Wiley-Liss Publications, 1995.

2. J.W. Lewis et D. Walter, « Buprenorphine », art. cit. ; T.R. Kosten, C. Morgan et H.O. Kleber, « Phase II Clinical Trials of Buprenorphine », art. cit.

3. K.P. Bailey, « Pharmacological Treatments for Substance Use Disorders », *Journal of Psychosocial Nursing*, vol. 42, n° 8, 2004, p. 14-20.

4. M.J. Kreek, « Methadone-Related Opioid Agonist Pharmacotherapy for Heroin Addiction. History, Recent Molecular and Neuro-Chemical Research and Future in Mainstream Medicine », *Annals New York Academy of Sciences*, vol. 909, 2000, p. 186-216.

5. M.B. McClellan (commissaire de la Food and Drug Administration), « Two Drugs for Opioid Dependence », *Journal of the American Medical Association*, vol. 288, n° 21, 4 décembre 2002, p. 2678.

déplacée, du problème de l'héroïne vers celui de l'abus d'opiacés de prescription, que la FDA choisit d'approuver la buprénorphine, en particulier deux médicaments que le laboratoire Reckitt Benckiser Pharmaceuticals (anciennement Reckitt Coleman) avait développés, et pour l'approbation desquels il avait fait beaucoup de lobbying [1].

En 2000, le Drug Addiction Treatment Act (DATA) [2] a officiellement replacé la buprénorphine sur le devant de la scène, tandis que la Drug Enforcement Administration (DEA) autorisait les médecins à la prescrire en cabinet privé (bien que de manière très réglementée) plutôt que dans le cadre d'institutions de traitement sous contrôle direct, comme les cliniques de méthadone [3]. En 2002, la FDA a approuvé deux nouveaux médicaments développés par Reckitt Benckiser, à utiliser dans le cadre du traitement de la toxicomanie, le Subutex® et le Suboxone®. En plus de leur approbation, ces médicaments ont reçu le statut de médicaments orphelins, une désignation attribuée par l'Office of Orphan Products Developments (OOPD) dont le but est de promouvoir le développement de produits se révélant prometteurs pour le traitement de maladies ou de pathologies rares, ainsi que celui de médicaments visant des troubles très invalidants mais engendrant des coûts prohibitifs, et dont le développement n'engendrerait soit

1. Registre fédéral (Rapport sur les pratiques de prescription de buprénorphine), vol. 67, n° 233, 4 décembre 2002, p. 72219 ; Registre fédéral (Réunion sur le traitement à la buprénorphine), vol. 67, n° 175, 10 septembre 2002, p. 57445.

2. Le 17 octobre 2000, le Président des États-Unis a signé le texte de loi du Drug Addiction Treatment Act of 2000 (DATA), Title XXXV, Section 3502 du Children's Health Act de 2000. Le DATA permettait d'étendre le contexte du traitement médicalement assisté en autorisant les médecins qualifiés à prescrire ou délivrer les médicaments approuvés par les agendas III, IV et V pour la désintoxication et le traitement de fond de la dépendance. En sus, le DATA réduisait le fardeau réglementaire pesant sur les médecins en leur permettant de demander et de bénéficier d'exemptions au regard des exigences d'enregistrement spéciales définies par le Federal Controlled Substances Act.

3. Le Controlled Substances Act faisait partie de la réforme votée par le Congrès en 1970. La liste V des médicaments inclut ceux qui contiennent des opiacés et la liste IV de médicaments inclut les barbituriques à action longue et les stimulants non-amphétaminiques.

aucun profit, soit porterait d'une manière ou d'une autre atteinte à l'image d'une entreprise. Dans le cas qui nous occupe, l'obtention de ce statut a permis à la compagnie Reckitt Benckiser de bénéficier d'exemptions d'impôts et de droits exclusifs pour le développement de ses produits, échappant ainsi à la compétition du marché [1].

AU-DELÀ DE L'IDÉAL TYPE

Les efforts qui ont été déployés pour tester et faire approuver la buprénorphine comme alternative aux formes de traitement contre la toxicomanie déjà existantes ont été considérables. Cependant, le succès final a été, en partie, dû à l'augmentation du nombre d'adolescents consommateurs et dépendants aux opioïdes aux États-Unis [2]. Pour contrer cette tendance, cliniciens et chercheurs ont tenté de comprendre plus finement ce qui marchait et ne marchait pas en termes de traitement à court et à long terme – et avec raison. Dans un éditorial publié dans le *Journal of the American Medical Association*, les auteurs citent des chiffres alarmants : près de 232.000 adolescents affirment avoir consommé au moins une fois un opioïde de prescription en 2007. La même année, environ 24.000 adolescents avaient pris de l'héroïne [3]. Le pourcentage d'élèves en dernière année de cycle secondaire ayant affirmé avoir pris de l'héroïne au cours des années précédentes est passé de 0,6% en 1992 à 0,9% en 2007. La consommation d'opioïdes de prescription

1. Orphan Drug Act, janvier 1983. Reckitt Benckiser a reçu ce statut en 1994, pendant la phase de développement.

2. Highlights of Recent Reports on Substance Abuse and Mental Health. US Department of Health and Human Services, Substance Abuse and Mental Health Services Administration, Office of Applied Studies.

3. L.D. Johnston, P.M. O'Malley, J.G. Bachman et J.E. Schulenberg, *Monitoring the Future. National Survey Results on Drug Use, 1975-2007. Volume I, Secondary School Students* (NIH Publication n° 08-6418A), Bethesda, National Institute on Drug Abuse : http://www.monitoringthefuture.org/pubs/monographs/vol1_2007.pdf (consulté le 10 septembre 2015).

est passée de 3,3% en 1992 à 9,5% en 2004 [1]. De toute évidence, l'impact des opioïdes de prescription (des antidouleurs) sur les chiffres de la toxicomanie, en comparaison avec l'héroïne, ne pouvait pas être négligé. La différence entre les taux de consommation de formes dites *licites* d'opiacés, comme les antidouleurs disponibles sur ordonnance, et les opioïdes *illicites* comme l'héroïne, peut peut-être s'expliquer par des questions de facilité d'accès, bien que dans des villes comme Baltimore, il soit assez facile de se procurer de l'héroïne. La différence de catégorie entre les drogues *légales* et *illégales* continue en un sens à s'imposer, en dépit du fait que leur consommation pour des motifs non-thérapeutiques présente des caractéristiques communes. De mes longs entretiens avec des parents d'adolescents toxicomanes est souvent ressorti le sentiment que l'héroïne « avait l'air d'être plus grave », tout simplement, que la consommation de médicaments de prescription. L'association entre, d'une part la prise par intraveineuse d'héroïne, et d'autre part la transmission du virus de l'immunodéficience humaine (VIH) et de l'hépatite C (VHC), n'avait pas échappé à l'attention de ces parents. En même temps que la modalité par laquelle les adolescents *prennent* de la drogue nous dit quelque chose de la différence fine qui sépare l'héroïne des opiacés de prescription, les adolescents du groupe que j'ai suivi ne m'ont jamais raconté avoir eu recours à des injections durant nos entretiens – en fait, la plupart était même péremptoires dans leur refus de s'injecter de la drogue par voie intraveineuse, associant le recours aux intraveineuses à un « truc de vieux », « de malade » et « de junkie ». C'était quelque chose pour des drogués d'une autre génération, du moins c'est ce que cela voulait dire en substance.

Les adolescents auxquels je me suis intéressé avaient des idées bien arrêtées concernant les « junkies » plus vieux et ce à quoi ils ressemblaient. Mais il existait par ailleurs, et de la même manière, des portraits types de l'adolescent consommateur d'opioïdes de

1. *Ibid.* Ces augmentations ont été rapportées dans un éditorial de D.A. Fiellin, « Treatment of Adolescent Opioid Dependence. No Quick Fix », *Journal of the American Medical Association*, vol. 300, n° 17, 2008, p. 2057-2059.

prescription (blanc, vivant en banlieue, de sexe féminin) et, à l'opposé, de l'adolescent héroïnomane (de sexe masculin, Afro-Américain, pauvre, vivant dans des quartiers défavorisés)[1]. Contrairement à ce que l'on pourrait croire, une représentation imaginaire s'est imposée dans les débats concernant le problème de la toxicomanie[2]. De telles réactions visaient, en partie, à mettre les problèmes des adolescents consommateurs à part de ceux des adultes. Il est certain que les conséquences de la consommation de drogue ne sont pas les mêmes pour les adolescents que pour les adultes. Les cliniciens avec lesquels j'ai travaillés étaient essentiellement préoccupés par la sévérité des modifications neurobiologiques qui accompagnent le passage d'une consommation occasionnelle, épisodique, d'opioïdes, à une consommation régulière et à la dépendance chez les adolescents[3]. Une exposition croissante et régulière, que ce soit à l'héroïne ou aux antidouleurs sur ordonnance, conduit aux phénomènes cliniques désormais bien identifiés qui caractérisent l'addiction : dépendance physique, besoin impérieux et perte de contrôle sur la consommation de la substance[4]. Du point de vue développemental, le cerveau des adolescents est particulièrement sensible aux effets de la consommation de drogue, laquelle aboutit à des troubles permanents affectant les centres de la prise de décision et du jugement, ce qui perpétue le cycle de la consommation

1. J.M. Wallace, Jr. et J.G. Bachman, « Explaining Racial/Ethnic Differences in Adolescent Drug Use. The Impact of Background and Lifestyle », *Social Problems*, vol. 38, n° 3, 1991, p. 333-357.

2. Voir N. Campbell et S. Shaw, « Incitements to Discourse. Illicit Drugs, Harm Reduction and the Production of Ethnographic Subjects », *Cultural Anthropology*, vol. 23, n° 4, 2009, p. 688-717. Voir également le travail d'Angela Garcia sur la consommation d'héroïne dans les réseaux familiaux.

3. D.A. Fiellin, « Treatment of Adolescent Opioid Dependence », art. cit.

4. D.A. Fiellin, « The First Three Years of Buprenorphine in the United States. Experience to Date and Future Directions », *Journal of Addiction Medicine*, vol. 1, n° 2, 2007, p. 62-67. Voir « The Determinations Report. A Report on the Physician Waiver Program Established by the Drug Addiction Treatment Act » (2000), US Department of Health and Human Services, Center for Substance Abuse Treatment, Substance Abuse and Mental Health Services Administration : http://buprenorphine.samhsa.gov/SAMHSA_Determinations_Report.pdf (consulté le 10 septembre 2015).

d'opioïdes et de la dépendance [1]. L'adolescence (entre 12 et 18 ans) et la vie de jeune adulte (de 19 à 24 ans) constituent des périodes critiques pour l'intervention et le traitement [2]. Dans le sens le plus strict, les adolescents qui consomment des opiacés de manière régulière *deviennent* dépendants. Le terme de *devenir* est important, non seulement en raison de la transformation développementale de l'adolescent consommateur occasionnel en consommateur régulier ; ce *devenir* est également important dans la mesure où la menace que constituait cette transformation des populations en autant de consommateurs réguliers a joué un rôle crucial dans les arguments qui ont motivé l'approbation de la buprénorphine [3].

Bien que les efforts pour endiguer l'augmentation du nombre de consommateurs d'opiacés parmi les adolescents aient compté dans les débats qui ont entouré l'approbation de la buprénorphine, l'évaluation de l'efficacité du traitement dans les populations adolescentes n'a été réalisée que bien après que les nouveaux médicaments furent approuvés par la FDA. Entre le moment où la DEA a été saisie pour la deuxième fois et l'approbation finale de la FDA des deux médicaments mis au point par Reckitt Benckiser Pharmaceuticals, il n'y a eu qu'un seul essai contrôlé randomisé de cette pharmacothérapie contre l'addiction aux opioïdes à destination des adolescents et des jeunes adultes toxicomanes [4]. Cependant,

1. N.D. Volkow, « What Do We Know about Drug Addiction ? », art. cit.

2. B. Lopez, S.J. Schwartz, G. Prado, A.E. Campo et H. Pantin, « Adolescent Neurological Development and its Implications for Adolescent Substance Abuse Prevention », *Journal of Primary Prevention*, vol. 29, n° 1, 2008, p. 5-35. Tout au long de cette étude, j'utilise « adolescence » et « vie de jeune adulte » de manière interchangeable. Il s'agit d'un choix à la fois analytique (reconnaissant le fait que les catégories d'âge ne sont pas précises du tout en termes d'étapes développementales) et stylistique (tenant à la spécificité des individus que j'ai suivis, qui passaient d'une catégorie à l'autre au moment où je les suivais).

3. Sénateur Carl Levin, Rapport du Congrès – Sénat, et commentaires S1091-S1093, 28 janvier 1999.

4. L'essai portait sur le passage à la naltrexone chez des patients recevant de la buprénorphine contre de la clonidine. Cité dans L.A. Marsch, W.K. Bickel, G.J. Badger *et al.*, « Comparison of Pharmacological Treatments for Opioid-Dependent Adolescents », *Arch Gen Psychiatry*, vol. 62, n° 10, 2005, p. 1157-1164.

dans les auditions du Congrès de 2000, la possibilité d'utiliser la buprénorphine pour le traitement des adolescents toxicomanes fut promue comme cliniquement et socialement bénéfique. On peut s'étonner du fait qu'au moment de faire approuver la buprénorphine à titre de traitement contre le symptôme de sevrage et de thérapie de substitution, on disposait de peu de preuves de son efficacité pour cette classe d'âge [1]. Non seulement on ne savait pas bien dans quelle mesure ce médicament serait efficace à court terme pour des adolescents, mais aucune étude ne s'était vraiment penchée sur les implications ou les effets réels d'un tel traitement sur le long terme [2]. La recherche scientifique devait tenir ses promesses. Ce n'est que bien plus tard que les chercheurs et les décideurs politiques ont commencé à s'inquiéter des effets du traitement à long terme, et ont exprimé le besoin de mieux comprendre les autres mécanismes qui pouvaient influer sur les résultats, comme la thérapie psychosociale et le suivi des patients hors de l'institution [3].

Mettre un médicament à sa place

Une fois que ces deux nouvelles thérapies agonistes ont été approuvées, il s'est produit plusieurs choses. Tout d'abord, la possibilité de les prescrire dans les cabinets médicaux a fait grimper en flèche l'usage de la buprénorphine aux États-Unis, ce qui a à la fois offert de nouvelles possibilités de traitement contre la dépendance, et permis l'ouverture de nouveaux lieux dans lesquels ce

1. L.A. Marsch, W.K. Bickel, G.J. Badger *et al.*, « Comparison of Pharmacological Treatments for Opioid-Dependent Adolescents », *op. cit.*

2. P.A. Donaher et C. Welsh, « Managing Opioid Addiction with Buprenorphine. Review », *Am Fam Physician*, vol. 73, n° 9, 2006, p. 1573-1578.

3. Pour une revue des effets neuro-biologiques du traitement à long terme, voir T.R. Kosten et T.P. George, « The Neurobiology of Opioid Dependence. Implications for Treatment », *Sci Pract Perspect*, vol. 1, n° 1, 2002, p. 13-20. Pour une revue sur les composantes psychosociales dans le traitement à long terme, voir L. Amato, S. Minozze, M. Davoli, S. Vecchi, M.M. Ferri et S. Mayet, « Psychosocial and Pharmacological Treatments versus Pharmacological Treatments for Opioid Detoxification », *Cochrane Database of Systematic Reviews*, vol. 3, 2008, article n° CD005031.

traitement était mis à disposition [1]. En second lieu, cette approbation a constitué une base pour l'élaboration d'autres traitements, plus spécialisés et mieux adaptés aux groupes de consommateurs désormais mieux identifiés. Non seulement les adultes toxicomanes bénéficiaient de ces nouveaux médicaments, mais un nombre croissant d'adultes et d'adolescents, qu'ils soient dépendants aux antidouleurs normalement prescrits en post-opératoire, ou qu'ils les utilisent simplement de manière récréative, pouvaient désormais être identifiés et traités. Dans le cadre du traitement en cabinet privé, la thérapie pouvait être délivrée de manière discrète, à la différence de ce qui se passait avec les thérapies sous observation, notamment dans les cliniques de méthadone [2]. La division entre les espaces de traitement publics et privés eu pour effet de distinguer encore davantage les groupes de consommateurs les uns des autres.

La stigmatisation sociale associée aux programmes de traitement à la méthadone persiste encore [3]. Lors de la mise en place du traitement à la méthadone qui a suivi le Addiction and Narcotic Addict Rehabilitation Act de 1968, on promettait des effets similaires à ceux attribués à la buprénorphine (moins de risques d'overdose, moins d'inconfort durant la phase de sevrage, et, ce qui est peut-être le plus important, moins de risques de détournement du médicament de son usage thérapeutique) [4]. Bien que le discours entourant la méthadone revienne nécessairement à l'esprit lorsqu'on

1. FDA Talk Paper, TO2-38, « Subutex and Suboxone Approved to Treat Opiate Dependence », 2 octobre 2002.

2. La thérapie sous observation directe était le mode de soin standard dans le traitement de la tuberculose depuis 1993 (voir R. Bayer et D. Wilkinson, « Directly Observed Therapy for Tuberculosis. History of an Idea », *Lancet*, vol. 345, n° 8964, 1995, p. 1545) et a été appliqué à la thérapie par anti-rétroviraux (Anti-Retroviral Therapy – ART). Voir P. Farmer *et al.*, « Directly Observed Therapy for HIV Anti-Retroviral Therapy in an Urban U.S. Setting (Letter to the Editor) », *Journal of Acquired Immune Deficiency Syndromes*, vol. 36, n° 91, 2004, p. 642-644.

3. M.J. Kreek et F.J. Vocci, « History and Current Status of Opioid Maintenance Treatments. Blending Conference Session », *Journal of Substance Abuse Treatment*, vol. 23, 2002, p. 93-105.

4. J. Gaertner, R. Voltz et C. Ostgathe, « Methadone. A Closer Look at the Controversy », *Journal of Pain and Symptom Management*, vol. 36, n° 2, 2008, p. 4-7.

parle de la buprénorphine – un discours qui renvoie à la fois à des *promesses* de guérison et à la *menace* d'un usage détourné – les deux se distinguent à partir du moment où l'on s'intéresse aux différents espaces dans lesquels chacun de ces traitements est offert. Le traitement en cabinet privé soulève des problèmes spécifiques concernant aussi bien les patients que les médecins : a-t-on fait attention à tous les détails permettant de s'assurer que ce nouveau traitement médicamenteux ne fera pas l'objet d'usage détourné ? L'approbation de la buprénorphine complique la représentation du *traitement* ainsi que celle du *dépendant*, précisément parce que les moyens par lesquels le traitement est mis à disposition peuvent prendre des formes différentes selon que l'environnement médical est public ou privé, vu ou caché, et ceci complique encore davantage la manière dont un certain nombre d'inquiétudes, de nature sociale et médicale, ont progressivement émergé. La question du *lieu* où le traitement *prend place* est importante, en particulier quand on essaie de concilier les réactions et les peurs du public, les exigences de la recherche scientifique, et les réalités de la pratique clinique.

BALTIMORE, MARYLAND

Baltimore est un endroit important dans l'histoire de la buprénorphine. Il y a à cela plusieurs raisons. Tout d'abord, la disparition de l'industrie sidérurgique, du trafic ferroviaire et du port sont autant d'éléments de décors qui ont joué un rôle de catalyseur, une fois associés aux inégalités dans l'accès aux soins, à un système d'éducation catastrophique et à la violence qui découle de la pauvreté et de l'exclusion que l'économie de la drogue entretient largement. Les problèmes sociaux et économiques auxquels la ville fait face ont pesé de tout leur poids sur la vie des adolescents que j'ai suivis. Il s'agissait d'adolescents issus d'une génération qui avait *toujours* connu l'épidémie du VIH, le trafic d'héroïne ou d'autres drogues inondant leur voisinage, les répercussions de l'échec scolaire, le chômage ou encore le sous-emploi chronique au sein de leurs foyers. Et quand bien même ils n'avaient pas été affectés directement par elles, ces choses constituaient leur horizon.

Baltimore est enserré à l'est et à l'ouest par deux importants centres médicaux, les Johns Hopkins Medical Institutions, et l'École de Médecine de l'Université du Maryland (University of Maryland School of Medicine). « Baltimore est un endroit rêvé pour la recherche », remarquait un clinicien alors que nous étions assis l'un à côté de l'autre pendant une série de conférences données au Johns Hopkins Bayview Hospital. « Consommation de drogue, violence, maladies infectieuses... [sourire] vous pouvez trouver des experts des deux côtés [référant à la fois aux chercheurs et aux individus concernés]. » [1] Le cynisme de sa remarque m'a paru assez déplacé, d'autant que nous étions en train de boire des cafés Starbucks® et de manger des sandwiches gastronomiques gracieusement offerts par l'une des compagnies pharmaceutiques qui finançaient le congrès. Il est clair que *les deux côtés* sont bien représentés dans cette ville. Baltimore compte certains des chercheurs les plus respectés et les mieux financés du pays, ainsi que certains des taux de violences par arme à feu, de maladies infectieuses, et de consommation de drogue les plus élevés du pays [2]. La ville est pour ainsi dire saturée de recherche, des études étant conduites dans toutes les institutions médicales publiques et universitaires. Au sein des familles des adolescents que j'ai interrogés, il y avait toujours au moins une personne qui avait déjà participé à une étude pour la recherche médicale. J'ai souvent dû m'expliquer sur ce en quoi consistait ma recherche, par contraste avec les autres types de recherche que les gens connaissaient déjà. Une mère, en particulier, m'a demandé à plusieurs reprises : « C'est quoi le truc ? » Je ne suis jamais parvenu

1. Cette conférence portait en particulier sur les consultations « de pair à pair » (pour les cas de VIH) données dans l'un des services de l'hôpital. La présentation avait été donnée conjointement par un médecin et un patient, qui était lui-même devenu consultant.

2. City Paper (Baltimore), « Bloodletting. Can Anything Be Done to Bring Baltimore's Homicide Rate Down ? », 23 janvier 2008.

à lui répondre d'une manière qui la satisfasse, en dépit de tous mes efforts d'explication. En définitive, elle a fini par être très directe et m'a demandé si son fils devait entrer dans une sorte de programme d'apprentissage, donner son sang, « pisser dans un tube à essai », ou prendre un nouveau médicament. J'ai répondu très clairement, « non, il n'a rien à faire, juste à parler ». « Oh, d'accord, donc c'est un test psychologique », a-t-elle dit. « Non, pas du tout », ai-je rétorqué. « Donc ce n'est pas vraiment de la recherche alors, donc ça va, je veux dire, il n'aura rien à faire », a-t-elle finalement accordé. Bien que mon ego en ait été meurtri, je n'allais pas m'obstiner à essayer de lui démontrer que ma recherche était bien de la *recherche* à présent qu'elle avait donné son consentement pour que son fils participe à mon étude. Néanmoins, je ne pouvais pas me sortir de la confusion dans lequel elle m'avait plongé, à propos de ce que la recherche *est* ou *n'est pas*, du moins à propos de ce qu'elle-même percevait comme allant de pair, d'habitude, avec la participation à une recherche médicale à Baltimore.

La recherche médicale n'est en rien étrangère à la vie sociale de la ville. À mesure qu'elle est devenue quelque chose de familier à Baltimore, on remarque que les problèmes de santé que l'on y rencontre font intervenir des éléments indissociablement *sociaux* et *cliniques* : les deux aspects y sont désormais interdépendants. J'ai décrit ailleurs la manière dont certains changements, à la fois récents et plus anciens, au sein de la médecine préventive et de l'épidémiologie – changements par lesquels on s'est s'efforcé de prendre en compte les conditions sociales dans ce qui ne serait autrement qu'une base strictement biologique pour comprendre les processus de la maladie (étiologie, modes de contraction, transmission) – indiquent que le social et le clinique sont impliqués dans la production l'un de l'autre [1]. Certains comportements, qui

1. T. Meyers, L. Leonard et J.M. Ellen, « The Clinic and Elsewhere. Illness, Sexuality and Social Experience Among Young African-American Men in Baltimore, Maryland », *Culture, Medicine & Psychiatry*, vol. 28, n° 1, 2004, p. 67-86. Voir également A. Brandt, « Behavior, Disease and Health in the Twentieth-Century United

découlent directement des conditions sociales, sont conçus sur le modèle étiologique d'une maladie – ainsi, *guérir* les maux sociaux devient comme tel inséparable du fait de *guérir* une maladie. En d'autres termes, la compréhension de la vie sociale semble se conformer au modèle de la compréhension de la maladie. Quand des troubles tels que la toxicomanie se trouvent ainsi au point de rencontre entre le social et le clinique, il devient difficile de décrire l'environnement social qui en constitue le contexte. Peut-être est-ce même plus difficile encore dans les cas de la consommation de drogue et de la dépendance, puisque *guérir* c'est précisément s'affranchir des limites. Et pourtant, le poids social qui pèse sur la dépendance est précisément ce qui a retenu l'attention des cliniciens et des législateurs, et la possibilité de créer un nouveau traitement est passée par l'identification d'un nouveau type de menace sociale.

LES PETITES PILULES ORANGE

Depuis le temps que je m'intéressais à la buprénorphine, il est curieux que j'ai été si impressionné à la vue du petit tas de pilules orange déposé sur une serviette en papier. C'était dans un fast-food, tout près du centre de traitement. Je travaillais au centre depuis plus d'un an quand j'ai vu pour la première fois quelqu'un *prendre* de la buprénorphine hors d'un environnement contrôlé. Ty avait 16 ans quand je l'ai rencontré, plusieurs mois avant la conversation que nous étions en train d'avoir et qui portait sur une session de thérapie ambulatoire qui s'était terminée une heure auparavant. Il a remarqué mon regard et m'a tendu un comprimé pour que je puisse l'examiner. « Pastilles à la menthe, pour l'haleine », a-t-il dit en souriant. Ty a compté les comprimés puis les a remis dans un petit sachet en plastique. Je lui ai rendu le dernier en silence.

States. The Moral Valence of Individual Risk», dans A. Brandt et P. Rozin (dir.), *Morality and Health. Interdisciplinary Perspectives*, New York, Routledge, 1997, p. 53-78.

Ces petits comprimés de forme hexagonale ont une épée gravée sur une face[1]. À un moment, au début de mon séjour au centre de traitement, j'ai fait une plaisanterie avec l'un des cliniciens, en disant que l'« épée » gravée était un message de la compagnie pharmaceutique : une Épée de Damoclès se tient au-dessus de la tête de tous ceux qui prennent ce médicament. Ma plaisanterie n'a eu aucun succès, probablement pour trois raisons : premièrement, dans ce genre de contexte, je rate toujours mes plaisanteries, parce que je me sens toujours un peu sous surveillance quand je discute avec un médecin ; deuxièmement, il n'a pas saisi (ou n'a pas cherché à saisir) l'allusion ; et troisièmement, alors que je creusais un peu plus le trou dans lequel je m'étais déjà enfoncé, j'ai essayé d'expliquer ce que je voulais dire, ce qui est rarement le meilleur moyen de réussir une plaisanterie. L'allusion – qui n'avait rien de drôle – évoquait quelque chose de précaire, une forme de pressentiment, celui du caractère inéluctable de la tragédie, qui dissuaderait n'importe qui de croire avoir du pouvoir ou de faire preuve d'arrogance[2]. « C'est tout le contraire, vous ne croyez pas ? Le médicament donne de l'espoir aux gens, et on sait qu'il marche », m'a-t-il dit sur un ton cassant. Son air agacé m'a fait comprendre que la conversation était terminée.

D'après moi, on n'était pourtant pas très loin de l'histoire de Damoclès en réalité. Une chose qui est en apparence si sûre, si puissante, si solide et infaillible, peut bien s'accompagner de la menace d'une épée retenue dans les airs par un seul fil. Une chose que les adolescents que j'ai rencontrés en thérapie avaient en commun, c'était la précarité de leur situation. Une chose que les médecins qui proposaient la pharmacothérapie avaient en commun, c'était d'essayer de mettre un terme (de remédier) à cette précarité.

1. J'ai appris plus tard que « l'épée » représentait le caducée que porte Hermès et qui symbolise la paix. Il demeure cependant qu'il ressemble à une épée – et les patients se plaignent du fait que cela rend les comprimés difficiles à casser en deux demi-comprimés de même taille.

2. T.S. Brown, *Timaeus of Tauromenium*, Berkeley, University of California Press, 1958.

Atteindre cet objectif dépendait pour une part de la thérapie elle-même (Est-ce qu'elle marche ? Et si oui, comment ?), et pour une autre du contexte et de la manière dont on la délivrait (Quels sont les facteurs extérieurs qui en compromettent l'efficacité ?).

Chacun des adolescents que j'ai suivis prenait « le petit comprimé orange », mais chacun le prenait d'une manière différente. Dans un cas, celui de Cedric et Megan – un jeune couple –, on avait entièrement confiance en l'efficacité de la buprénorphine comme thérapie de substitution. Par contraste, Jeff était inexplicablement lucide quand il décrivait le processus de sevrage et son expérience de la thérapie, même s'il aurait passionnément voulu en revenir au temps d'avant l'addiction. Il travaillait à échapper à ces petits comprimés. Il voulait plus que tout se libérer de l'addiction (et du traitement), ce qui peut expliquer pourquoi sa thérapie fut un tel succès et pourquoi il cessa de consommer toute drogue. L'intensité de son expérience du traitement n'avait d'autre équivalent que celle de la violence, du retour au trafic de drogue, et de la mort qu'il a finalement connus. Devon, lui, n'est arrivé à rien. Il a souffert successivement d'aggravation et d'atténuation de sa dépendance, de la maladie, et du retour à l'héroïne. Heather était quant à elle submergée par les problèmes des autres, rarement attentive à la thérapie qui lui semblait un détail, jusqu'à ce que, finalement, elle abandonne (puis reprenne) son traitement. Kevin est parti avant même d'avoir pu véritablement commencer le traitement. Keisha s'était vue imposer le rôle d'un aidant, celui d'une mère pour sa propre mère et pour ses frères et sœurs, et est restée en traitement afin de trouver sa place dans l'institution comme au sein d'une famille. Tania est restée sous thérapie pour échapper à des abus sexuels et à une vie où il n'y avait ni amis ni famille. Quand elle a enfin pu trouver de l'amitié et de l'attention, auprès d'un groupe de femmes plus âgées, elle est tombée malade et a finalement succombé à une overdose. Et enfin Laura, qui en dépit du fait qu'elle avait tous les moyens de le faire, n'est jamais parvenue à trouver l'équilibre entre ses rôles de personne convalescente et de personne dépendante, et restait en thérapie seulement pour pouvoir garder un pied dans le traitement, et l'autre dans la drogue.

Les petits comprimés orange les ont accompagnés tout du long.

Dans la vie de chacun de ces adolescents, la pharmacothérapie jouait un rôle important. Ce rôle, cependant, était très différent de l'un à l'autre, bien que, dans certains cas, les « résultats » aient l'air identiques en surface.

LES APRÈS-VIES

Lorsque je dis que c'est *dans l'après-vie* du traitement que débute mon étude, je veux dire que des questions commencent à se poser au seuil épistémologique de la thérapeutique, là où s'arrête le *connaître*. Sans doute une carrière thérapeutique se poursuit-elle même quand elle s'engage dans l'inconnu. En prenant la vie après la pharmacothérapie pour point de départ, une nouvelle histoire du traitement s'écrit. C'est un lieu où le succès ne peut jamais être tenu pour acquis, et où, de la même manière, on peut juger qu'il y a ou non échec à l'aune de critères différents. Porter attention à ce qui se passe après le traitement est la résultat d'une préoccupation à la fois méthodologique et analytique. Il y a des critères auxquels le traitement est immédiatement rattaché, à savoir, le fait que les patients doivent prendre le médicament (le mettre sous la langue jusqu'à ce qu'il se dissolve) et s'en tenir à la posologie qui leur a été prescrite. Mais il semble que ces critères devraient aussi intégrer les facteurs qui peuvent provoquer les rechutes ou les abus systématiques, même lorsque l'on a cessé d'utiliser la pharmacothérapie, ou qu'on l'utilise autrement que telle qu'elle a été prescrite.

Le traitement des adolescents toxicomanes consiste essentiellement en un sevrage et un ensemble de rencontres avec un thérapeute. Alors qu'on ne connaît pas encore très bien les effets de la pharmacothérapie à long terme, on sait en revanche que les *situations* dans lesquelles celle-ci se déroule en déterminent étroitement les résultats, quels qu'ils soient[1]. Le décalage qu'il y a entre, d'une part, ce que l'on considère comme efficace dans le contexte d'un essai contrôlé randomisé – et de ce fait même en médecine fondée sur des preuves –, et d'autre part les réalités individuelles du traitement clinique, constitue une difficulté à laquelle les cliniciens font quotidiennement face (et qu'ils parviennent généralement à surmonter). Le problème est de savoir comment faire surgir de la cohérence au sein de résultats thérapeutiques qui paraissent à première vue si incohérents. Ceci renvoie aux définitions des notions de guérison et de rétablissement et à leurs limites, aux enjeux (et aux revendications) qui sont mobilisés dès que l'on s'efforce de définir le succès et l'échec, et enfin, fondamentalement, à la manière dont on conçoit la relation entre le temps et les preuves.

La buprénorphine offre la promesse d'une guérison face à la toxicomanie. La question de savoir quand (et si) on a atteint la guérison est une toute autre affaire. Comme les chapitres qui vont suivre visent à le démontrer, il y a toute une variété d'expériences du médicament – y compris au sein de groupes d'adolescents qui par ailleurs sont semblables – où le pouvoir prédictif de la recherche se révèle être en décalage avec les réalités vécues du traitement. L'inquiétude du public concernant l'abus et les usages détournés de la buprénorphine semble nous ramener aux craintes qui concernaient la méthadone il y a quelques dizaines d'années[2]. Les prochains chapitre montreront l'importance de l'influence que le débat public peut exercer sur la réception de tout traitement contre la toxicomanie – et comment ceux-là mêmes qui sont sous traitement peuvent contribuer à compliquer encore les termes de ce débat.

1. S.J. Becker et J.F. Curry, « Outpatient Interventions for Adolescent Substance Abuse. A Quality of Evidence Review », *Journal of Consulting and Clinical Psychology*, vol. 76, n° 4, 2008, p. 531-543.

2. H.D. Kleber, « Methadone Maintenance Four Decades Later. Thousands of Lives Saved but still Controversial », *Journal of the American Medical Association*, vol. 300, n° 19, 2008, p. 2303-2305.

CHAPITRE II

MONACHISME

> *La phénoménologie de l'imagination demande qu'on vive directement les images, qu'on prenne les images comme des événements subits de la vie. Quand l'image est nouvelle, le monde est nouveau.*
>
> Gaston Bachelard [1]

Sur le mur d'un couloir du centre de traitement est accroché un petit tableau représentant le Christ menant un groupe de fidèles sur un sentier rocailleux. Cette reproduction se trouve dans un endroit discret, et son encre a jauni. Chaque fois que je passais devant ce tableau, je me demandais si on l'avait volontairement laissé là parce qu'il était en un sens assez représentatif du processus du traitement, ou si on l'y avait tout simplement oublié. Je me demandais s'il s'agissait d'une illustration de la guérison ou juste un rappel de ce qu'était ce lieu auparavant.

Par l'observation attentive de trois jeunes garçons et d'une jeune fille, je voudrais donner dans ce chapitre une idée du type de relations qui s'instaurent entre le corps et l'espace dans un centre de traitement de la toxicomanie. Ce faisant, je voudrais réfléchir sur les conditions dans lesquelles s'élabore progressivement une image des adolescents sous traitement. Si, comme le suggère Bachelard, le monde peut être renouvelé au travers de l'image, alors la manière dont on procède pour élaborer cette image est quelque chose de crucial.

1. G. Bachelard, *La poétique de l'espace*, Paris, P.U.F., 1961, p. 58.

La clinique et le monastère

Le centre de traitement est un ancien monastère reconverti – même si le mot « reconverti » est peut-être un peu fort[1]. On peut encore y trouver des éléments d'iconographie religieuse éparpillés sur les murs et des statues encombrant les caves. Le monastère fut originellement bâti dans les environs de Irvington, au sud ouest de Baltimore, en 1868, puis reconstruit après un incendie en 1886. L'église paroissiale rattachée au vieux monastère fut construite en 1932 et elle est toujours en fonction aujourd'hui.

Comme on pouvait s'y attendre, l'ambiance qui se dégage de ce lieu est tout à fait monacale. Le bâtiment est gigantesque. Les salles résonnent beaucoup, et on les avait manifestement conçues pour accueillir un public plus silencieux. De grandes fenêtres s'ouvrent sur la face arrière et sur une cage d'escalier qui s'élève sur quatre étages, offrant une vue sur ce qui avait été jadis des pelouses et des jardins potagers. Les fenêtres à l'avant offrent un large panorama sur l'un des plus vieux cimetières catholiques de la ville (la section du cimetière que l'on voit depuis l'étage du haut contient les tombes de centaines de soldats confédérés morts au combat). Les espaces de soin et les bureaux de l'administration occupent de vielles cellules originellement dédiées à la prière et à la méditation. L'ensemble est austère. Je n'ai jamais pu faire abstraction de ce qu'il avait

1. Quiconque a la moindre connaissance du champ des traitements contre la toxicomanie dans le Maryland reconnaîtra probablement le centre de traitement dans lequel j'ai effectué ma recherche – mais bien que j'ai obtenu toutes les autorisations requises pour réaliser cette recherche dans ce centre, j'ai choisi de ne pas en divulguer le nom dans ce livre, pour préserver autant que possible l'anonymat. Je le fais pour deux raisons. En premier lieu, je voudrais éviter au personnel médical et aux patients d'être identifiés – ou du moins, je voudrais faire en sorte qu'il soit plus difficile de mettre des *noms et des visages sur leurs histoires*. Je ne vise nullement à faire des révélations, et il faut bien comprendre que le travail que réalisent les médecins et les équipes du centre est colossal – et colossalement difficile. En second lieu, bien que le centre de traitement soit effectivement important à titre de lieu, mon idée est que tout comme un certain nombre d'autres environnements cliniques et non cliniques, il s'agit d'un espace qui entretient des relations particulièrement poreuses avec l'univers social dans et hors de ses murs. Pour le dire autrement, mon but n'est pas simplement de fournir une histoire institutionnelle du centre de traitement.

été auparavant. Même la vieille salle de bingo sert à accueillir les patients en thérapie ambulatoire la nuit.

Cependant, la dimension « monacale » de ce centre de traitement ne concerne pas seulement son apparence physique. Les adolescents qui entrent en séjour dans cet endroit sont tenus d'observer un certain nombre de routines, rythmées par les rituels quotidiens des repas, du travail, du sommeil – leurs corps et leurs esprit étant rompus à l'exercice de la récitation par les groupes de thérapie et les consultations individuelles, tout ceci au nom du rétablissement et de la renaissance [1]. Le centre est isolé, comme une île dans la ville. Ici, les adolescents sont censés adopter de nouvelles formes de comportement, de nouvelles manières d'être, s'assigner de nouvelles tâches au quotidien, prendre de nouvelles habitudes corporelles et mentales. Ces choses sont inévitables si l'on veut que le traitement soit une réussite.

Camoufler les détails

Le centre de traitement a ouvert en 1989 dans le cadre de la mise en place, dans le Maryland, d'un vaste programme de soins à destination des adultes et des adolescents. Le centre dessert en premier lieu la ville de Baltimore, bien qu'on y accueille souvent des personnes référées par les agences publiques de secteur (justice pour les jeunes et services sociaux) basées hors de la ville. Au centre, on fournit principalement trois types de services : traitement en court séjour, traitement de jour (hospitalisation partielle), et soins intensifs en ambulatoire. Les adolescents qui se trouvent au centre ont un problème de consommation de drogue important et la plupart d'entre eux ont déjà reçu un traitement par le passé, sans résultats.

1. Pour une discussion des types de discours et de conceptions de la personne qui se dégagent du discours thérapeutique, voir E. Summerson Carr, *Scripting Addiction. The Politics of Therapeutic Talk and American Sobriety*, Princeton, Princeton University Press, 2010.

Beaucoup de ces adolescents présentent des troubles émotionnels, comportementaux, psychiatriques et fonctionnels importants [1].

Il y a en gros soixante cinq adolescents suivis au centre, et parmi eux, environ les deux tiers sont des garçons, et un tiers des filles, de 11 à 20 ans. En dépit de l'importante diversité des âges que l'on peut trouver dans la population du centre, je me suis concentré sur la tranche allant de 14 à 18 ans. Je m'intéressais aux adolescents qui se trouvaient à la croisée de différents chemins, à un moment que les transitions cliniques, sociales et développementales, tout comme des changements importants dans la trajectoire de consommateur de drogue, rendent tout particulier [2].

La composition ethnique au centre de traitement est d'environ un tiers d'Afro-Américains et deux tiers de Blancs. La première source de financement est assurée par Medicaid, suivie par les assurances commerciales (Blue Cross/Blue Shield, HMOs), la protection judiciaire de la jeunesse (pour les adolescents durant leur détention), à quoi s'ajoutent d'autres fonds complémentaires pour les adolescents sans assurances ou sous-assurés. Dans cette population, la majorité des adolescents souffrent de problèmes familiaux et éducatifs. En moyenne, seuls 53% d'entre eux disent vivre avec un parent, et seulement 29% sont scolarisés [3].

En termes de consommation de drogue, la plus grande partie des adolescents en traitement sont de gros consommateurs, et beaucoup consomment quotidiennement. Près de 96% d'entre eux ont consommé de la drogue pendant 15 jours ou plus, dans les 90 jours précédant leur admission. La majorité des adolescents (91%) satisfont les critères du syndrome de dépendance à une substance. La plupart (71%) a déjà bénéficié au moins une fois d'un traitement.

1. P. Clemmey, L. Payne et M. Fishman, « Clinical Characteristics and Treatment Outcomes of Adolescent Heroin Uses », *Journal of Psychoactive Drugs*, vol. 36, 2004, p. 85-94.

2. *Ibid.* Voir également D. Moshman, *Adolescent Rationality and Development. Cognition, Morality, Identity*, New York, Psychology Press, 2011.

3. P. Clemmey, L. Payne, H. Adger et M. Fishman, *Manual for a Short-Term Residential Treatment Program for Adolescent Substance Use Sisorders* (revised title), Bloomington, Chestnut Health Systems, 2003.

Près de la moitié d'entre eux (46%) sont déjà allés en séjour en centre de traitement auparavant[1]. En plus du diagnostic et du traitement des troubles liés à la consommation de drogue, beaucoup de ces adolescent ont besoin de suivi médical pour des pathologies associées à la toxicomanie, ainsi que pour des problèmes médicaux préexistants et non reliés à leur consommation. Ainsi, chaque adolescent est examiné et traité pour des complications médicales telles que des hépatites, la tuberculose, le VIH, et d'autres maladies sexuellement transmissibles.

Alors que sur le plan administratif le déroulement du traitement est très bien organisé, les réalités quotidiennes auxquelles les administrateurs et les cliniciens font face sont souvent imprévisibles. Les infirmières d'accueil ont recours à des stratégies très élaborées pour maintenir les adolescents en traitement. De longues négociations se tiennent entre les agents de probation, les travailleurs sociaux extérieurs, les parents et les tuteurs, pour déterminer la durée du séjour au centre et les critères qui seront utilisés pour décider si un adolescent pourra rester ou s'il devra trouver de l'aide ailleurs. Les membres de l'équipe résidentielle ne restent généralement pas longtemps à ce type de postes, et le constant renouvellement du personnel affecte la continuité du traitement puisque c'est lui qui est le plus étroitement en contact avec les adolescents pendant qu'ils sont en traitement.

CONSTRUIRE LES FAITS

Il y a des faits indiscutables concernant le centre de traitement que l'on doit prendre en considération si l'on veut comprendre ce qui se passe entre ses murs. Il est bruyant. Il est vieux. Il ressemble à une grande caverne. Il s'y pratique des activités que l'on voit, et d'autres que l'on ne voit pas. Il y a là des espaces ouverts, et d'autres qui sont complètement interdits d'accès. Les activités qui s'y déroulent (consultations, traitement médical, visites de la famille,

1. *Ibid.*

sommeil, repas) sont toutes organisées de manière différente dans l'espace. Parmi ces *faits*, celui des adolescents comme acteurs dans l'espace n'est pas le moindre. Mais une fois ces faits distingués, il est difficile de savoir ce que l'on doit en faire, et comment ils en viennent à se supporter les uns les autres.

Maurice Merleau-Ponty, dans ses travaux sur la phénoménologie et la structure du comportement, propose un principe général pour comprendre les *faits*. La signification interne des faits dans la clinique est une chose qui est difficile à établir. Ils semblent intriqués les uns dans les autres tout au long de la journée, *dans* l'espace et *entre* les acteurs qui se tiennent dans l'espace. La dimension sensorielle de la clinique n'a rien de périphérique si l'on veut comprendre cet endroit lui-même ; le *sens* de l'espace est une figure centrale de l'expérience du traitement – de son caractère de fait.

Les sens sont des acteurs cruciaux dans la dépendance aux drogues, au moins pour ce qui concerne la manière dont l'expérience est racontée. Michel Serres décrit les sens comme le moyen principal par lequel le corps se mêle au monde et à lui-même [1]. Le corps n'est pas vide, attendant d'être rempli par de la signification. Dans le même esprit, Jean-Luc Nancy écrit que le corps est déjà rempli d'autres corps [2]. Jeff, que j'ai rencontré pour la première fois au bureau des admissions, est resté en traitement pendant plusieurs mois, et a fini par « trouver sa place » dans la clinique et dans ses routines quotidiennes avant de retourner dans la rue. Voilà quelqu'un qui décrivait son expérience corporelle du sevrage dans le plus grand détail. Il décrivait les symptômes qu'il ressentait au cours de la manifestation physique du sevrage, confiné dans l'espace de la chambre qu'on lui avait assignée juste après notre première rencontre. Il était passé par le sevrage plus d'une fois dans sa courte vie, mais il insistait sur le fait qu'il n'y avait aucune comparaison possible entre ces différentes expériences. Jeff avait

1. M. Serres, *Les cinq sens. Philosophie des corps mêlés I*, Paris, Grasset, 1985.

2. Voir l'article « 58 Indices of the Body », dans J.-L. Nancy, *Corpus*, trad. angl. R. Rand, New York, Fordham University Press, 2008 (édition originale : *Corpus*, Paris, Métaillé, 2000).

finalement trouvé de l'ordre au centre, ce qui l'aidait à maintenir son propre ordre intérieur. La clinique et ses routines lui donnaient un point d'ancrage et un bouclier pour lutter contre la menace de la perte de sens, plus particulièrement contre l'invasion par les pensées, les circonstances, les sensations corporelles, invasion qui faisait qu'il retombait dans des comportements de consommation de drogue et de violence (au moins pour une courte période). C'est une grande simplification de considérer la thérapeutique comme se déployant seulement dans les activités qui se tiennent dans l'espace qui les définit comme telles (le soutien psycho-social, le suivi, ou la prescription de médicaments). La thérapie est *supportée* par l'espace.

LES SENS ET LA ROUTINE

La première chose que j'ai remarquée lors de ma première visite au centre de traitement fut le bruit. Je l'ai en réalité plutôt remarqué en sortant, par son absence, alors que je partais pour me rendre au parking. Mes oreilles tintaient. Le bruit, dans ce vieux monastère reconverti, résonnait fortement dans les pièces et la cage d'escalier, et il s'était imprimé profondément dans ma tête. Ce bruit permanent me mettait dans un état tel que j'étais toujours au bord de la migraine. Le son avait aussi son utilité : il signalait le moment où les activités scolaires de la journée se succédaient, celui où les sessions de groupes se terminaient, où les résidents allaient déjeuner ou dîner, où les bagarres éclataient, et où je pourrais intercepter les gens à mesure que la journée s'écoulait.

Le son était le témoin des nombreuses routines qui se déroulaient au centre de traitement. Dans les couloirs, je trouvais les équipes médicales en train d'attendre que la seconde partie de leur journée commence. Dehors, de petits groupes de membres de ces équipes et d'assistants sociaux fumaient et bavardaient tout en vérifiant l'heure sur leurs montres, attendant entre deux sessions de thérapie de groupes, deux cours, ou deux consultations. C'est seulement pendant ces rares moments d'accalmie, « entre deux », que je pouvais leur poser des questions à propos des adolescents que je suivais. Je recueillais des réponses brèves, qui commençaient toujours par une appréciation générale du comportement de la personne – elle se tenait soit « bien » soit « mal ». Les énoncés prononcés se présentaient sous la forme d'appréciations thérapeutiques, mais il s'agissait surtout de descriptions des interactions entre les patients et l'équipe du centre. Megan, par exemple, avait pris l'équipe en grippe, dans son ensemble et sans nuance. Elle me racontait en plaisantant qu'elle devait se défoncer ne serait-ce que pour pouvoir affronter les « faux médecins » et les « soit disant parents » que l'équipe médicale en était venue à représenter pour elle. Elle cherchait la bagarre avec l'équipe, histoire d'« être mise dehors pour un bon moment », de sorte qu'elle n'aurait plus à « se taper leurs gueules de vieux toxicos » (« gueules de vieux toxicos » référant au fait que beaucoup d'entre eux étaient d'anciens toxicomanes). Megan détestait la routine quotidienne du centre de traitement et fit à peu près tout ce qu'elle put pour échapper à son emprise. Je suis convaincu que le fait qu'elle ait donné son accord pour que je parle avec elle était essentiellement lié à sa volonté de rompre avec la prédictibilité de ses journées.

J'avais mes propres difficultés avec l'équipe médicale. Mon statut ambigu à la clinique et mon comportement un peu à part m'écartaient de la sphère de l'autorité. « Je suis vraiment obligé de vous répondre ? » fut la phrase par laquelle j'ai été accueilli quand j'ai essayé d'engager la conversation avec un petit groupe de membres de l'équipe qui s'étaient réunis entre deux sessions de groupe, le jour de mon arrivée au centre. L'idée que personne (y compris les médecins) ne pouvait réellement comprendre les jeunes à part eux est revenue à plusieurs reprises dans les entretiens que nous avons eus par la suite. Il y avait donc une forme de connaissance interne à laquelle, selon eux, je ne pouvais pas avoir accès.

Beaucoup des membres de l'équipe avaient effectivement consommé de la drogue par le passé et parlaient ouvertement de cette expérience avec les adolescents en traitement. Il semblait y avoir une relation privilégiée entre l'équipe et les adolescents, en raison d'une communauté d'expériences. Mais cette relation avait ses limites. Lors d'une bagarre qui avait éclaté dans la cage d'escalier du bâtiment principal, plusieurs membres de l'équipe ont essayé de séparer deux filles qui se tenaient par les cheveux. Celles-ci s'étaient jetées l'une l'autre contre les fenêtres du palier du troisième étage, en criant, en se hurlant des obscénités, et en se donnant de grands coups de pieds. Alors qu'on les séparait, l'une des deux protagonistes de la bagarre, toute frêle, dit quelque chose à l'adulte – une Afro-Américaine d'âge mûr – qui l'avait séparée de l'autre. Il n'était pas facile de saisir ses propos dans le brouhaha de la foule de curieux qui s'étaient regroupés, mais la réaction que ses paroles a provoquée a été immédiate. La femme adulte a commencé à se retourner vers elle, mais un jeune membre de l'équipe l'a tout de suite retenue et entraînée en arrière. Elle avait le visage figé par la colère, même après qu'on eut emmené la fille ailleurs, sans doute dans l'une des chambres inoccupées qui donnaient sur le couloir.

J'ai été tenaillé toute la journée par la curiosité au sujet de ce qui avait pu se dire entre cette adolescente et cette femme. L'événement avait été un peu théâtral, sans rien avoir non plus d'extraordinaire, mais il avait surtout provoqué une interruption bienvenue dans la routine à laquelle j'étais moi aussi assujetti. Je me suis retrouvé à errer dans les salles, à traîner dans les bureaux des assistants sociaux, à l'accueil, me précipitant dehors pendant les pauses-cigarettes, en espérant à chaque instant qu'un écho de l'incident finirait par parvenir à mes oreilles. J'ai fini par poser directement la question. « Oh ça? En fait, cette gamine est vraiment proche de [prénom de la femme adulte]. Alors quand [prénom de la fille] lui a dit ce truc, sur la came, tu vois, ça a foutu la merde », m'a dit l'un des assistants sociaux plus âgé, entre deux bouffées de cigarette. Plus précisément, la jeune fille lui avait dit qu'ils feraient tous mieux « de retourner se faire chauffer de la came », faisant référence aux injections intraveineuses d'héroïne, ce que cette femme ne faisait plus, ayant décroché depuis plus de trois ans. La bagarre avec l'autre jeune fille avait quelque chose à voir avec un « nouveau garçon » qui avait été admis récemment. Et la « petite blanche maigrichonne » avait eu l'impression que l'autre essayait de contrecarrer ses projets de séduction. Mais l'amour n'avait rien à voir avec ce qui avait été dit à la femme de l'équipe; c'est à une connaissance intime de sa propre histoire de toxicomane qu'on avait eu recours pour saper son autorité, alors qu'elle s'interposait dans la bagarre.

Cette bagarre n'avait rien de remarquable, ni même d'exceptionnel, si ce n'est ce petit détail. L'intimité entre l'équipe et les adolescents servait à bâtir de la confiance, à garder les adolescents « sous contrôle », bien qu'elle comportât aussi le risque de détruire l'ordre qu'elle était censée permettre de maintenir. Devon était l'un des seuls adolescents qui, parmi ceux que j'ai rencontrés, aimait profondément l'ordre qu'offrait le centre de traitement. L'organisation formelle et informelle du temps dans le centre, la manière dont le jour et la nuit étaient écrits d'avance, tout cela constituait une part essentielle de sa stabilité. Il me dit :

> Je ne veux pas avoir à penser au fait que je suis ici, au fait de faire des trucs, de parler toute la journée de ma « drogue de prédilection », de m'embrouiller avec des gens. Tu suis ton truc et tu peux arrêter de réfléchir. J'aime bien simplement me laisser porter, tu vois ?

J'ai interrogé Devon sur la bagarre dans la cage d'escalier, dont je savais qu'il avait été témoin parce que j'avais pu le voir penché sur la rampe à l'étage du dessus :

> C'est des conneries. Fais juste ce que tu as à faire ! Va en cours. Va au groupe. Fais chier. Les gens font comme si c'était la vraie vie. C'est pas vrai. Je veux dire, fais chier. Fais ce que tu as à faire, et reste-en là.

Devon était toujours exaspéré par tout ce qui pouvait déranger ses journées, même les petites disputes ou le fait de voir une personne de l'équipe perdre la face, des choses qui auraient pu sinon être distrayantes.

L'agitation causée par la bagarre n'était rien comparé au vacarme général qui régnait dans cet endroit. Comment est-ce que Devon pouvait supporter cet abrutissement et cette agitation toute la journée, avec la surcharge sensorielle incroyable que cela impliquait ? Alors que je prenais trois aspirines, j'ai soumis à Devon une question formulée comme une assertion : « C'est difficile de savoir quand quelqu'un se bat, ou essaie de s'échapper, l'endroit est tellement bruyant tout le temps. » Devon a haussé les sourcils. « Qu'est-ce que tu veux dire ? Bien sûr que tu peux le savoir. » Il a poursuivi en expliquant que ce n'était pas le même genre de bruit, et que l'on pouvait dire quand les gens étaient simplement en train de plaisanter ou quand quelque chose de « sérieux » était en train de se produire. Le bruit qui entourait Devon était un bruit blanc, et ses variations n'étaient pas difficiles à saisir. Je lui ai demandé s'il arrivait qu'il y ait du silence :

> La nuit, quand les gens sont trop fatigués pour chercher les embrouilles, tu peux le sentir. C'est presque trop silencieux, tu sais. J'essaie de m'endormir avant que les gens arrêtent de brailler, sinon je commence à réfléchir, et ma tête commence à me faire mal, et j'ai envie, tu sais, de fumer un joint ou du shit. Je sais que ça a l'air dingue, mais je ne supporte pas le silence, comme si j'avais été victime d'un traumatisme, comme les mecs du Vietnam, tu vois ? T'as *besoin* du son des armes et des hélicos et tout ça.

Il est important de s'attarder un moment sur le mot « traumatisme », et ce, pour une raison bien particulière. Ce mot est entré, dans une certaine mesure, dans le vocabulaire quotidien du centre de traitement, et l'équipe comme les résidents ont commencé à l'utiliser si fréquemment que son sens s'est complètement galvaudé. « Traumatisme » et « ESPT » (État de Stress Post-Traumatique) étaient des termes qu'on utilisait pour expliquer (et résoudre) n'importe quoi – à propos du passé et du présent [1]. Ceci ne signifie pas que les traumatismes psychologiques ou physiques n'occupaient pas une grande place dans l'expérience des adolescents sous traitement. Beaucoup de ceux avec lesquels j'ai discuté m'ont confié être, de la même manière, incapables de *supporter le silence*. Tout comme j'utilisais le son comme un guide pour savoir où les activités

1. A. Young, *The Harmony of Illusions. Inventing Post-Traumatic Stress Disorder*, Princeton, Princeton University Press, 1997.

du jour étaient en train de se dérouler, alors que les cris et les rires résonnaient entre les murs du vieux monastère et les murs de mon squelette, Devon utilisait le son comme un moyen de s'ancrer. Le bruit *était* la routine, et sans lui, Devon se retrouvait seul avec ses pensées.

Rencontres

J'ai rencontré Devon, Jeff et Ty le même jour, quoi que de différentes manières. J'avais choisi ce jour en particulier pour m'asseoir dans la salle d'attente du bureau des entrées, afin de me détendre, de prendre un café, et de bavarder un moment avec les infirmières chargées des admissions. Passer la journée dans l'espace des admissions donnait le sentiment d'être en sécurité, de disparaître – et même de se reposer.

Devon est resté près de la réception pendant une heure, avec sa mère et un travailleur social. Il avait alors 17 ans et venait de retourner chez sa mère dans l'ouest de Baltimore après un court séjour dans un centre de détention pour mineurs du comté. Je longeais sa maison deux fois par jour, presque quotidiennement, en allant et en revenant du centre de traitement. Quand il est sorti, trois semaines plus tard, j'ai pris l'habitude d'aller prendre de ses nouvelles régulièrement – même si « prendre de ses nouvelles » voulait simplement dire sonner à la porte de sa mère pour voir s'il y avait des signes de vie à l'intérieur. Je passais à peu près chaque semaine, en espérant pouvoir attraper Devon entre deux des petits boulots (restauration rapide, nettoyage, collecte de ferraille, passage de tondeuse à gazon) qu'il faisait à l'occasion pour gagner du liquide vite fait.

Devon avait fumé de l'héroïne, en plus de sa consommation habituelle et régulière de marijuana, pendant plusieurs mois. Après que lui et ses copains s'étaient faits prendre en train de fumer chez sa mère, celle-ci était parvenue à le persuader d'entrer en traitement, bien que la *persuasion* ait en l'occurrence pris la forme d'une menace, celle d'être mis dehors si les choses ne lui plaisaient pas ainsi. « Il était en train de prendre le même chemin que son père », m'a dit la mère de Devon environ un an après notre première rencontre dans le hall du centre. Elle m'a expliqué que le père biologique et le beau-père de Devon étaient morts dans des circonstances liées à la consommation d'héroïne. Le père de Devon avait été battu à mort par un groupe de jeunes alors que Devon n'avait que trois ans. Elle s'était remariée pour se retrouver à nouveau veuve cinq ans plus tard, son ami étant décédé après un coma diabétique. Il s'était injecté de l'héroïne tout au long de leurs cinq ans de mariage, et la mère de Devon attribuait sa mort à sa consommation de drogue plutôt qu'au diabète, même si le fait que son diabète fut complètement déséquilibré était fondamentalement la cause première de son décès.

Devon était complètement affalé sur son siège, presque horizontalement par rapport au sol, avec les jambes largement écartées. L'infirmière des admissions lui a posé quelques séries de questions à propos de ses allergies, de ses traitements médicamenteux, et de quelques renseignements démographiques, tout en prenant sa tension artérielle. Sa consommation d'opiacés était relativement récente et limitée.

Après un court séjour, Devon a été autorisé à sortir du centre de traitement. Trois mois se sont écoulés avant que je le revoie, sa mère m'ayant appelé pour me dire qu'il avait été admis à l'hôpital psychiatrique Sheppard Pratt, au nord de Baltimore. Elle m'a appelé le jour où il devait sortir, et je lui ai proposé de la conduire à l'hôpital pour aller le chercher si elle avait besoin d'un véhicule. Elle a accepté, et nous avons discuté dans la voiture.

« Il est tellement ramolli, vous savez. C'est toute cette herbe qu'il fume. Alors, il se laisse entraîner », m'a-t-elle dit. Elle n'avait aucune idée de ce qui avait pu déclencher l'accès de violence qui avait conduit à son admission à l'hôpital psychiatrique. Il avait été arrêté par la police, emmené aux urgences pour des blessures suite à une agression, et de là, admis dans le service de psychiatrie de l'hôpital Johns Hopkins. Un jour plus tard, on l'envoyait à l'hôpital psychiatrique Sheppard Pratt pour une durée indéterminée. Bien qu'elle eut donné son accord pour cette hospitalisation, la mère de Devon n'avait pas conscience de tout ce que cela impliquait en détail.

J'ai attendu dans la voiture pendant qu'elle est allée dans l'hôpital le chercher. Plusieurs heures plus tard, elle est revenue avec Devon, qui avait l'air fatigué et passablement secoué : « Est-ce que vous pouvez simplement nous ramener à la maison ? » m'a-t-elle demandé, sur un ton qui indiquait que toute discussion portant sur l'hospitalisation de Devon serait particulièrement malvenue.

Devon est resté silencieux pendant tout le trajet de retour. Il regardait par la fenêtre d'un air absent. Sa mère non plus n'a pas dit un mot. Quand je les ai laissés chez eux, Devon est parti de son côté dans la rue, laissant sa mère sur les marches du perron, le suivant des yeux.

Notes

Un des travailleurs sociaux m'a dit que quelqu'un avait été admis le week-end précédent, avec lequel je pourrais avoir envie de discuter. Pendant la première partie de la journée, j'ai cherché à le – Ty – trouver dans le bâtiment principal. J'ai cherché dans les endroits habituels (salles de classe, bureau des infirmières, salles de consultation), sans succès. J'ai pensé que son dossier médical me donnerait une idée de l'endroit où je pourrais le trouver.

La rapidité avec laquelle on peut se faire une idée bien arrêtée d'une personne, simplement en consultant son dossier médical, est extraordinaire. Les évaluations cliniques et psychosociales n'ont rien de neutre – elles portent en elles une force prescriptive – c'est une représentation clinique qui n'est pas que clinique. J'appris que Ty était un consommateur régulier d'alcool et de marijuana. Il avait consommé des opiacés de prescription de temps et temps pendant deux ans. On l'avait arrêté et inculpé pour le même motif à trois reprises (mais le détail de ces arrestations ne figurait pas dans le dossier). Ty vivait avec sa tante. Il fumait, apparemment un paquet de cigarettes par jour. Il avait une écriture d'enfant (d'après les nombreux « contrats » qu'il avait signés, au sujet de ses objectifs de traitement). Il était séropositif. Il vivait à Baltimore.

Cinq jours se sont écoulés avant que je puisse le rencontrer en chair et en os. Il avait été en désintoxication, et j'ai su que cela ne s'était pas bien passé. Quand j'ai finalement réussi à m'asseoir auprès de lui, Ty n'avait guère envie de parler. Il regardait par terre et parlait dans sa barbe, le menton reposant sur la poitrine. À chaque fois que je lui demandait s'il préfèrerait ne pas me parler, il me répondait que ça allait, qu'il était « ok ».

Le contenu de nos conversations, dans et à l'extérieur de l'institution clinique, a toujours été assez pauvre et s'est toujours concentré sur des problèmes immédiats. Au centre de traitement, il était enragé et se battait avec les autres adolescents. Il se plaignait de l'attitude des infirmières. Il suspectait un adolescent plus jeune que lui de lui voler sans arrêt ses cigarettes. Hors du centre, il ne cessait de dire qu'on lui manquait de respect toute la journée, dans des situations publiques diverses. On avait l'impression dans ces conversations que le contenu était ailleurs, que certaines choses étaient dites pour que d'autres ne le soient pas. Et si des choses étaient dites avec sérieux, elles étaient enfouies sous des couches de circonvolutions, sur un air indifférent et passif.

Ce n'est qu'après que sa tante fut tombée malade qu'il a mis son addiction sur le tapis, ainsi que les problèmes qu'il rencontrait en tant que séropositif. Il dit qu'il avait « détesté être un toxicomane ». Il avait aussi « détesté les regards » qu'on lui avait portés quand il était allé chercher un traitement et des médicaments à la clinique du VIH. Se voir comme une personne malade ruinait l'image qu'il voulait se forger de lui-même. Il se désespérait d'être un « délinquant », et de se comporter de manière agressive. Il voulait qu'on le respecte, mais il était difficile de savoir clairement qui était le « on » en question. Il était manifeste qu'il avait largement échoué de ce point de vue, et s'enfermait la plupart du temps chez sa tante. Il me dit : « Je ne m'embrouille pas avec les gens. J'ai trop de choses dans la tête, et je deviens juste complètement fou quand les gens me cherchent. » Mais même des propos comme ceux-là étaient exprimés sans grande conviction. Nous n'avons jamais parlé des nombreuses choses que j'avais trouvées dans son dossier et ce n'est que plus tard, quand il a commencé à avoir peur de perdre sa tante, que j'ai compris que c'était de ces aspects-là de sa vie qu'il essayait de se libérer.

Plusieurs Heather

En parcourant les dossiers de l'essai clinique conduit au centre, j'ai trouvé trois fichiers séparés pour Heather. Chacun de ces fichiers contenait un photomaton agrafé au recto de la page de couverture. J'ai sorti les trois fichiers pour regarder les photographies. Heather semblait aller de mieux en mieux sur chaque cliché. Ce n'est qu'une fois que j'ai regardé les dates dans les dossiers que j'ai réalisé que j'avais pris les choses à l'envers. Elle apparaissait de plus en plus mince – presque maladive et décharnée – sur les images. Sur la dernière photographie (que j'avais pris à tort pour la première) elle ne regardait même plus vers l'objectif, elle semblait en quelque sorte n'avoir pas conscience de sa présence, ou peut-être était-elle trop affaiblie pour y porter attention.

Je n'ai « connu » Heather que lors de son dernier séjour au centre et pendant les quelques mois qui ont suivi. Elle a ensuite disparu dans les mailles du système judiciaire pour mineurs, où il était impossible de garder contact. Ce n'est que par l'équipe clinique que j'ai appris, des mois après l'avoir perdue de vue, qu'elle avait été envoyée dans le Delaware, chez des parents. Elle est ensuite revenue à Baltimore pour vivre dans une famille d'accueil.

Heather et Devon avaient des points en commun. Elle voulait de la structure, mais plus encore, elle manifestait un désir de rapprochement. Le centre de traitement lui offrait un ordre et une appartenance qui valaient plus que tout autre aspect formel de la thérapie. Le traitement était apaisant et lui procurait un répit. Elle savait qu'il y avait là d'autres gens qui seraient toujours prêts à faire partie de son existence. Le centre était un endroit où elle pourrait toujours revenir, quel que soit l'état dans lequel elle se retrouverait.

C'est au cours des périodes où elle se trouvait hors du programme de traitement que les choses tournaient mal pour elle. La première fois qu'elle avait été admise en traitement, elle consommait des médicaments de prescription avec un petit ami beaucoup plus âgé. De toute évidence, ce petit ami l'épuisait. Les fragments de conversation que nous avons eus tournaient encore et toujours autour de sa relation avec lui. « Est-ce que le traitement marche ? » lui demandais-je. « Ouais, mon copain pense que j'ai besoin de décrocher pour un moment. J'allais trop mal pour tenir le coup. » Elle envisageait la prochaine étape de sa vie en lien avec lui. « Ma mère le déteste, mais [prénom] dit que je pourrai emménager avec lui quand je sortirai. »

Les photomatons de Heather constituent un meilleur compte-rendu que ce qu'aucune évaluation clinique pourrait jamais espérer fournir. Lors de sa troisième admission au centre de traitement, elle avait décoloré ses cheveux jusqu'à ce qu'ils soient presque blancs – ceci, ajouté à son visage pâle et creux, lui donnait l'air d'un spectre. Il y avait des moments où j'essayais de parler avec elle, mais elle avait perdu la capacité de soutenir une conversation ou d'aller au-delà de « oui », « non », ou « je sais pas ». Quand je l'ai interrogée sur son petit ami, elle a simplement regardé par terre : « Je sais pas. » Par la suite, une des infirmières m'a appris en passant : « Son copain s'est fait coffrer, et quand il est rentré, il l'a quittée. » Au moment où elle sortirait du centre, l'image d'elle-même qu'elle s'était construite au travers de son petit-ami ne pourrait plus la soutenir.

JEFF

Jeff fut l'un des adolescents que j'ai d'abord suivis de près, puis brusquement perdus de vue. Quand je l'ai rencontré pour la première fois, il était pâle, amoché, et en sueur. Il s'efforçait de rester assis stoïquement sur une chaise de la salle d'attente du bureau des admissions. Je lui ai offert une boisson gazeuse, et je l'ai regardé la tenir sans la boire jusqu'à ce qu'on l'emmène en désintoxication. Les infirmières ont remué la tête avec désapprobation. « C'est certainement pas la dernière fois qu'on le verra, M. [nom de famille]. »

Ce serait pourtant le cas.

Une partie considérable de ce qui se passait au centre de traitement visait à rétablir l'ordre, ou plus spécifiquement, « un mode de vie maintenu volontairement, caractérisé par la sobriété, la santé personnelle, et la capacité de se comporter en citoyen » [1]. L'objectif y était d'*aller bien* ou d'*aller mieux*. Le processus n'était pas un processus de remise en ordre, mais de « mise en ordre » – visant à créer un nouvel état. Kurt Goldstein écrit :

> Bien aller, cela signifie être capable de manifester un comportement ordonné qui puisse prévaloir en dépit de l'impossibilité de faire certaines choses qui étaient auparavant possibles. Mais le nouvel état de santé n'est pas le même que l'ancien. La guérison est un état de fonctionnement ordonné nouvellement mis en place, une nouvelle norme individuelle [2].

Le processus de sevrage est un processus par lequel quelqu'un, à l'aide de moyens pharmacologiques ou autres, est « conduit [...] par-delà un moment de chaos, avec douceur, jusqu'au point où il pourra rétablir une nouvelle organisation, construire un monde à nouveau » [3]. L'institution d'une nouvelle norme individuelle n'est pas quelque chose qui est prescrit du dehors ; c'est quelque chose que l'on trouve *au sein même* de l'individu. Dans le cas de la toxicomanie, on ne sait pas bien quand commence le « moment de chaos ». Dans le sevrage de Jeff, c'était l'absence d'opiacés qui avait provoqué les poussées de sueur, la nausée, et la douleur – un certain chaos. Quand il consommait, il décrivait son corps comme silencieux (« cette merde se tient tranquille »).

Il y a une généalogie propre du silence, quand on l'envisage dans son rapport avec la santé. Georges Canguilhem revient encore et encore, dans ses écrits, sur la formule du médecin René Leriche :

1. Voir, au chapitre II, le protocole CTN pour l'essai clinique Buprenorphine/Naloxone au centre de traitement.

2. K. Goldstein, *The Organism*, *op. cit.*, p. 30.

3. *Ibid.*, p. 324.

« La santé, c'est la vie dans le silence des organes. »[1] Canguilhem se penche avec une attention particulière sur cette affirmation de Leriche dans un article magistral consacré aux fondements philosophiques de la santé[2]. Si la santé était définie en son absence, comment pourrions-nous comprendre quand une nouvelle norme est établie ? C'est ce silence (pour Jeff, le temps pendant lequel il prenait de l'héroïne et des antidouleurs de prescription) que, de l'extérieur, les gens condamnaient comme dangereux et pathologique. C'est au silence qu'il fallait remédier pour ouvrir la voie à la santé. Michel Serres, écrivant sur les sens, demande : « Quand l'organisme ne se tait pas, quelle voix fait-il entendre? Ni voix, ni langage : la cénesthésie émet ou reçoit des milliers de messages, commodité, plaisir, douleur, malaise, assouvissement, tension, détente, bruits sous la voix ou dans le hurlement. »[3] Serres, suivant Canguilhem, nous dit que le silence est au centre de la guérison, mais que ce silence ne nous dit rien :

> De quelque fatigue ou douleur que le corps ait à souffrir, attaqué de mille maux, accablé par le travail ou les blessures, il trouve toujours une muraille à élever pour protéger un espace sain où se sauve l'instance qui tressaille d'allégresse et d'espérance continûment dans le danger ou la proximité mortelle, aussi loin et profond que les coups portent. Il recommence à sécréter ou à bâtir une nouvelle paroi à chaque enceinte enlevée de l'extérieur ou cédée par lui. Fuit donc de boîte en boîte, des cris vers le silence[4].

La question demeure : *comment représente-t-on l'absence de quelque chose, y compris (et en particulier) à soi-même?* Si le silence constitue ce voile qui sépare la maladie de la santé, et qu'il porte en lui une double signification ou deux ensembles de valeurs entre le normal et le pathologique, alors il est important de

1. Canguilhem, dans *Le normal et le pathologique* et en plusieurs autres endroits, citant Leriche : « La santé, c'est la vie dans le silence des organes ».

2. G. Canguilhem, « La santé : concept vulgaire et question philosophique », art. cit.

3. M. Serres, *Les cinq sens*, *op. cit.*, p. 107.

4. *Ibid.*, p. 193-194.

le représenter (et c'est là quelque chose de particulièrement délicat). Cette représentation est importante parce que c'est là que la valeur est mise à l'épreuve dans la maladie. Elle est délicate, parce que la frontière entre la santé et la maladie, dans le cas de la toxicomanie, est extrêmement mince.

REPRÉSENTATION ET FIGURATION

En 1981, Gilles Deleuze a consacré une étude tout à fait originale à l'œuvre du peintre britannique Francis Bacon[1]. Le sous-titre de ce livre, *Logique de la sensation*, renvoie directement au cœur de l'analyse conceptuelle de Deleuze. Il s'y intéresse à la manière dont le travail de Bacon s'est déplacé de la représentation stricte vers « la Figure », dans la perspective d'un essai de retransmission directe de la « sensation » par la peinture[2]. Dans les toiles de Bacon, le corps humain saisi comme Figure agit de la même manière que la configuration physique qui est à l'origine d'une sensation précise. Bacon a lutté pour trouver la manière de peindre la sensation – *d'enregistrer son fait*.

Les problèmes liés à l'expérience sensible sont aussi des problèmes de représentation : comment la sensation peut-elle être représentée, visuellement ou d'une autre manière ? Shigehisa Kuriyama, dans ses écrits sur le toucher en médecine chinoise, décrit la sensation d'un point de vue médical comme ce qui définit les corps eux-mêmes, puisqu'elle est ce par quoi on fait l'expérience des corps vivants[3]. C'est la sensation et la forme qu'elle prend dans le vocabulaire descriptif de la maladie qui donnent forme à l'objet médical. Kuriyama montre ainsi comment on est passé de notions renvoyant à l'expérience corporelle du trouble à une notion entièrement focalisée sur le « temps présent » de la

1. G. Deleuze, *Francis Bacon. Logique de la sensation*, Paris, Éditions de la différence, 1981.

2. Voir l'introduction de Daniel W. Smith dans sa traduction du *Francis Bacon* de Deleuze.

3. S. Kuriyama, *The Expressiveness of the Body in Greek and Chinese Medicine*, New York, Zone Books, 2000.

symptomatologie. Deleuze identifie un mouvement similaire dans les toiles de Bacon, où l'on découvre qu'une variété *d'expériences du monde* pourraient surgir d'une seule et même source. Dans les toiles de Bacon, il y a des relations entre les Figures qui ne reposent pas nécessairement sur le discours, qui « pousse[nt] sur le même fait, qui appartien[nent] à un seul et même fait unique, au lieu de rapporter une histoire et de renvoyer à des objets différents [...] »[1].

Deleuze a vu dans les peinture de Bacon une forme d'insistance sur la présence – le fait de rendre visible quelque chose qui est déjà là, dans la Figure. De la même manière, la conception de la philosophie que propose Michel Foucault affirme essentiellement que celle-ci consiste précisément à rendre visible ce qui est déjà là : « rendre visible ce qui précisément est visible, c'est-à-dire faire apparaître ce qui précisément est si proche, ce qui est si intimement lié à nous-mêmes qu'à cause de cela nous ne le percevons pas ».

Les conversations que j'ai eues avec les jeunes gens que j'ai suivis sont autant de rappels de l'impossibilité qu'il y a à « raconter » certaines expériences, des limites que le discours éprouve quand il cherche à reproduire (à représenter) l'expérience corporelle. À l'instar des peintures de Bacon, qui délimitent l'espace où se trouvent les corps (en créant des espaces ronds, en dessinant dans des cadres, en plaçant les Figures dans des pièces et sur des objets comme des chaises, des lits, et des tapis), mes tentatives pour saisir le processus du sevrage utilisent des méthodes de délimitation (elles « éprouvent » les mêmes contraintes et se heurtent aux mêmes dilemmes).

LES ESPACES DE LA SENSATION

On m'a décrit les chambres dans lesquelles se déroulait la désintoxication. Je n'y suis jamais entré, ce sont d'autres qui m'en ont parlé. Ces chambres se trouvaient dans une partie récente du centre, dans un bâtiment séparé comptant deux étages. Ces chambres au plafond bas contenaient des lits de camps, des chaises, des murs

1. G. Deleuze, *Francis Bacon*, *op. cit.*, p. 10.

couverts de peinture brillante, une petite table et des couvertures. Ces descriptions auraient pu tout aussi bien s'appliquer à *n'importe quelles* chambres. Je ne m'y suis jamais aventuré. Aujourd'hui encore, mon récit est incapable de rendre vraiment compte de la charge affective que ces descriptions gardaient longtemps pour tous ceux qui y avaient été. Ce souvenir, ils le conservaient jalousement en eux, et si j'en avais donné une description objective, j'aurais trahi la confiance qu'ils m'avaient accordée, simplement en m'autorisant à écouter leurs propres descriptions. Et pourquoi d'ailleurs me souciais-je de savoir de quoi ces chambres avaient *effectivement* l'air ? – était-ce là l'expression d'une forme de fétichisme à l'égard des données empiriques ? Les sentiments que l'on pouvait éprouver dans ces chambres, lors de ces événements précis, étaient tout ce qui importait. Il était très tentant de *témoigner* de l'espace en faisant abstraction de ce sentiment de l'espace – il était tentant de compléter l'histoire en construisant « les faits » à partir de mon propre discours, de remplir les trous, de substituer ou de confirmer des détails, de résoudre les contradictions et les ruptures qui apparaissaient entre les différentes histoires que j'entendais. À la fin, je n'accordais plus d'attention aux faits seulement pour eux-mêmes – je faisais attention à ce que les faits faisaient.

Jeff a décrit en détail les symptômes correspondant à la manifestation physique du sevrage, alors qu'il était confiné à l'intérieur de sa chambre. Il était passé par le sevrage plus d'une fois, et insistait sur le fait que chaque expérience est incomparable. Il me dit : « Ce n'est pas comme si on pouvait s'y faire. C'est comme quelqu'un qui se retrouve dans un carambolage sur la route, il ne se dit pas "allez, on y retourne !" » Le syndrome de sevrage ne met pas la vie du patient en danger, mais on comprend, d'après ce qu'en disait Jeff, qu'il met son intégrité en péril. On ne prend plus la vie pour acquise, quand on se retrouve plongé « entre la vie et la mort », ainsi qu'il me l'a décrit.

Au centre de traitement, on utilise des traitements pharmacologiques (en particulier la buprénorphine) pendant les phases aigües du sevrage. On fait par ailleurs des efforts particuliers pour apporter des soins et améliorer le confort du patient afin de l'aider à tenir le coup. Certains adolescents ont besoin d'un suivi médical particulièrement intensif pendant leur sevrage. D'après les infirmières, il y a des symptômes auxquels on peut presque toujours s'attendre : agitation, tachycardie, hypertension, nausées, vomissements, sueurs, diarrhées, irritabilité et anxiété. J'ai demandé si la douleur faisait partie de la liste : « Eh bien oui, évidemment ! » Le début du sevrage coïncide en général avec l'heure habituelle de la nouvelle prise de drogue. Dans le cas de Jeff, les symptômes de sevrage sont apparus rapidement, quatre heures après la dernière prise. Il prenait moins d'un gramme d'héroïne par jour, ainsi que du Vicodin ®, de l'Oxycontin ®, de l'alcool (liqueur de whisky), des cigarettes et des boissons énergisantes (en particulier du Red Bull ®). Son pouls s'accélérait. Je suis resté au bureau des infirmières et ai demandé comment il allait. L'infirmière a parcouru toute une liste de symptômes : « Il est agité, il ne tient pas en place, il n'arrête pas de bâiller, il a utilisé toute une boîte de mouchoirs pour se dégager le nez, ses pupilles sont dilatées, mais il va bien. » Quand elle a regardé sa peau, elle m'a dit que ce n'était « qu'une grosse chair de poule ». Jusque là, on ne lui avait donné que du Tylénol ®, pendant son transport jusqu'à la clinique. Elle a essayé de le rassurer en lui disant qu'il irait « bien le lendemain matin ». Il s'est assis et a essayé de boire un verre d'eau, mais il a commencé à baver et a tout recraché.

Le deuxième jour, il était dangereusement déshydraté et continuait à vomir. Il s'est levé, mais est immédiatement retombé à cause de l'afflux de sang dans son cerveau. Il est resté dans son lit en position foetale.

Jeff était bien informé sur le sevrage et tout à fait lucide dans la description de son expérience :

> Jeff : Les infirmières ne savent pas ce qu'elles peuvent devenir flippantes quand tu es couché là, complètement trempé dans ta propre sueur, grelottant. Je les entendais rire dans le couloir et je pensais « elles sont en train de se moquer de moi ». Parfois, je me disais « elles vont me donner de faux médicaments pour que je

continue à aller mal, pour me donner une leçon ». La pire ordure aurait l'air d'un gamin inoffensif en ayant aussi mal. C'est pas comme si on t'avait tiré une balle ou quelque chose comme ça. C'est pas une douleur comme quand quelqu'un t'a mis un coup de pied aux fesses et que t'essaies d'avoir l'air de rien. C'est comme si t'avais plus de muscles du tout. T'es complètement affaibli.
Todd : Je crois qu'à hautes doses, le Suboxone® peut faire que tu te sentes mal, comme pendant le sevrage. Mais ils modifient le dosage pour faire en sorte qu'il y ait de moins en moins de symptômes, non ? [En un sens, proposer une explication clinique me paraissait prudent, si ce n'est un peu pathétique.]
Jeff : Je sais pas, tu penses pas en termes de « moins » et « plus ». Tu sens juste quand ça va, ce genre de trucs, tu penses même pas « c'est bon, ça va aller mieux ». Je savais que j'étais en train de réussir un truc, ils avaient tout expliqué, mais c'était comme si les mots n'avaient plus aucun sens. J'arrivais pas à faire attention. J'ai eu des frissons de fièvre, et puis des sueurs. Je ne pouvais pas m'arrêter de bâiller alors que j'étais même pas fatigué, ma jambe me faisait mal et je donnais des coups de pieds dans le vide. Mon nez coulait comme celui d'un morveux.
Todd : Est-ce que tu as entendu d'autres personnes parler du même genre d'expérience ?
Jeff : Bon Dieu, je suis pas comme toi ! Tu crois que je prends des notes ? [Rires] Non, non, personne ne parle de ça. Tu penses que j'ai envie d'avouer que j'ai vécu ça ? Même devant toi ? Je pouvais sentir tous mes os sous ma peau. Si j'ai cru vomir ? J'ai vomi, et mon pote c'est tout ce à quoi j'ai pensé. Je me suis forcé à penser à des œufs, et j'ai vomi [rires]. Des œufs ! C'est pas fou ça ? ! Je pensais à de la bouffe – ce que je préfère c'est les hamburgers, tu sais, ceux de Checker, il ne faut pas que j'y pense trop, sinon ma gorge va se serrer et je vais encore vomir.
Todd : Est-ce que tu savais que tu allais ressortir de l'autre côté du tunnel, puisque tu savais comment c'était par expérience ?
Jeff : Personne sait à quoi ça va ressembler. Tu ne peux pas te souvenir. J'ai prié. C'est fou, hein ?
Todd : Je ne sais pas.
Jeff : Tu peux pas entendre ni voir correctement, tes bras ont l'air trop longs et ton corps te fait mal de l'intérieur. Tu peux pas fermer

ton putain de poing. Tu voudrais mordre quelque chose, mais ça fait mal de bouger la bouche. Tu penses des conneries, mais t'arriveras pas à bouger ta bouche pour les prononcer. Mais après quelques jours, les médicaments commencent à faire effet. Tu oublies que tu t'es pissé dessus le jour d'avant. Et tu te dis : « Ça va. »
Todd : Est-ce que c'est plus facile de ne prendre que ses médicaments et de ne plus toucher à la drogue, quand tu as cette expérience-là toute fraîche en tête ?
Jeff : Non. Ça marche pas comme ça. Tu consommes et tu te sens bien, puis les choses dérapent, mais tu te sens bien quand même. Je pourrais travailler. Je vais pas mentir. Si j'étais pas tout le temps défoncé, je serais déjà en train de revendre de la drogue maintenant. Je sortirais d'ici, je vendrais, en me gardant une dose. Mais quand tu es défoncé, personne te laisse plus rien toucher. Tu peux acheter mais pas vendre. Et c'est tant mieux, parce qu'après tu te trompes dans tes comptes, tu prends sur tes provisions, et quelqu'un finit par te tomber sur la gueule – tu te fais buter, en fait. Je le sais quand j'arrête de consommer. Je peux le sentir dans mes tripes. Je me suis dit : « Aujourd'hui il faut que ça s'arrête. » [...] Mais passer de ne rien prendre à prendre quelque chose [...] je sais même pas comment ça arrive. Ça tu le sens pas. Je veux dire, tu le sais parce que tu es là « Humm... j'ai mis un truc dans mon corps », mais c'est pas comme si quelque chose de spécial arrivait. Tu le sens seulement quand le truc quitte ton corps ! Pour de vrai ! Mais retomber dedans, c'est juste normal, tu remarques rien.
Todd : Alors maintenant tu ne prends plus rien ?
Jeff : Non mon pote, je vais continuer à prendre de la « bupe » [buprénorphine] jusqu'à ce que je sois complètement clean. Je suis toxico, ça fait chier, mais plus pour longtemps. Merde aux NA [Narcotiques Anonymes] et à leurs conneries, toutes les conneries du genre « Bonjour-je-m'appelle ». « Bonjour, je m'appelle "va te faire foutre" » [rire]. Je vais être clean, et je remettrai jamais les pieds ici.
Todd : Alors avec la « bupe », c'est comme si tu prenais encore quelque chose ?
Jeff : Ouais, je veux dire, tu le sens d'une certaine manière, mais le truc, c'est surtout que tu sais que tu prends quelque chose.

Jeff a fourni une description du sevrage qui dépasse de loin un simple récit du processus lui-même. Sa perspicacité était troublante. Dans sa description, le passé et le futur faisaient partie du présent. Il y avait des choses qui ne pouvaient pas être décrites, dont il parlait en louvoyant pour parvenir à préciser ce qu'il ressentait (« pas comme se faire tirer dessus », « pas comme quand quelqu'un te botte les fesses »). À certains moments, il attrapait son bras, sa jambe ou son ventre pour montrer où il avait eu mal. Il tirait sur sa chemise et se pinçait la peau.

C'est surtout ce qu'il disait du moment de transition qui ne s'accordait pas avec ce que l'on raconte d'ordinaire à propos de l'entrée dans la drogue, puis du sevrage. Ce moment était corporellement imprécis, même si Jeff en avait conscience, ce moment étant celui où il introduisait des substances « dans son corps ». Il disait qu'il savait quand les substances « quittaient » son corps, à cause de la douleur et de la sensation de malaise, mais ceci ne rend pas compte du fait que l'on continue à utiliser la buprénorphine comme thérapie de substitution, et qu'avec elle on a encore l'impression « de prendre quelque chose ». Jeff ressentait l'addiction de deux manières. Tout d'abord, il savait qu'elle l'empêchait de travailler, à savoir, de vendre de la drogue. Ensuite, il ne la « sentait » qu'à l'occasion du sevrage, quand il en sortait.

Jeff était déterminé quand il se décrivait comme étant « sur la bonne voie pour être clean ». Il prenait du Suboxone® pour l'aider dans ce processus, et reconnaissait que cela l'avait aidé au moment du sevrage, mais cela ne se présentait pas comme une solution à long terme (ou une stratégie qui pourrait se poursuivre indéfiniment). Comme je le redirai dans le dernier chapitre, Jeff a effectivement fini par arrêter l'héroïne et les autres opiacés, y compris la buprénorphine. Il a arrêté le traitement et a cessé de venir aux consultations en hôpital de jour. Il est retourné à ses affaires d'avant, vendre de la drogue dans les quartiers ouest de Baltimore. La transition de « toxico » à « clean » a amené avec elle la fin de notre relation. Finalement, son sevrage réussi lui a permis de se replonger dans l'économie dangereuse du marché de la drogue.

Un artiste raté

La manière dont Jeff avait décrit son expérience du sevrage me faisait irrésistiblement songer au tableau de Francis Bacon, *Three Studies for Figures on a Bed* (1972). L'image d'un corps (ou de plusieurs corps) se tordant sur un matelas était trop forte – une obsession de la peinture qui me reste d'une précédente carrière de peintre. Son incomplétude circonscrite – son caractère viscéral – me submergeait et me donnait beaucoup à réfléchir.

Bacon s'est emparé de la forme du corps humain et l'a rendue à la fois grotesque et athlétique, mais sans jamais lui donner véritablement de forme. Il maintenait ces « corps en devenir » dans un espace circonscrit (parfois une surface dessinée sur le sol dans le tableau, d'autres fois des boites qui ont l'air de flotter dans l'air autour des personnages). Ils pouvaient être incomplets et sembler être en évolution, mais ils étaient toujours contenus. Il me semble que cette bataille pour contenir la figure pendant qu'elle évolue et acquiert (et rejette) une forme renvoie à un problème profondément ethnographique. Il paraît évident de penser qu'il n'y a aucun moyen de rendre compte de tous les chemins que peut emprunter le traitement, dans et hors de la clinique. La cohérence de ce que les individus en racontent, si on suit Goldstein et Foucault, vise à donner un sens aux faits tels qu'ils sont vus et entendus. Les entretiens ne portaient pas tous sur la consommation de drogue et son traitement. Les fragments d'histoire recueillis durant les entretiens, que ce soit au centre ou au domicile, constituaient un assemblage représentatif de ce que c'est qu'être un patient, une qualité constituée à la fois d'intentions thérapeutiques et de circonstances sociales. La temporalité du récit allait et venait, des situations présentes vers d'autres, issues du passé, ou qui étaient projetées dans le futur. Les comptes rendus ethnographiques fournissent les grandes lignes des *figures* (au sens de Deleuze), lesquelles sont complétées par des détails, l'absence ou la distorsion des faits, les dissimulations, et l'évolution de ces faits au fil du temps. Le rendu auquel on parvient ainsi contredit le présupposé selon lequel les adolescents se répartissent en deux catégories sur le plan de l'expérience du traitement médicamenteux : le succès ou l'échec. La recollection menée ici regroupe ensemble des adolescents qui ne sont pas des patients modèles, mais qui modèlent (ou réalisent) le fait de suivre un traitement médicamenteux – tout comme ceux qui refusent de le suivre, et qui pourtant se libèrent de la drogue. Les représentations à la fois ethnographique et clinique du traitement qui partent du principe que le traitement produit des résultats appréciables en termes de « succès » ou d'« échec » présentent le risque de donner une impression de cohérence illusoire entre les adolescents sous traitement, impression qui va en réalité à l'encontre de ce qu'est leur expérience de la thérapie. Ty, Devon, Heather et Jeff, ont tous réalisé des tableaux individuels et fourni les contours de leur expérience à leur propre manière, créant – pour en revenir à Bachelard – le monde à nouveau.

CHAPITRE III

LES APPROPRIATIONS DU SOIN

Dans ce chapitre, je commencerai par me pencher sur le passage des traitements de la toxicomanie depuis les institutions spécialisées vers les dispositifs mis en place en cabinets de ville – non seulement parce que cette transition constitue un changement dans la géographie clinique, mais aussi parce qu'elle oblige à changer la représentation que l'on se fait du soin, en lien avec l'offre thérapeutique telle qu'elle existe *entre* les institutions et telle que les individus se la représentent *à l'intérieur* de l'ensemble des attentes qu'ils nourrissent à l'égard du traitement. Au travers de mes interactions avec une adolescente en particulier, Laura, j'espère donner un petit aperçu des valeurs qui sont attachées à la pharmacothérapie et au soin, à l'intérieur et à l'extérieur des environnements de traitement qui y sont dédiés.

Quels sont les liens entre le *choix* et le *soin*, quand on parle de l'addiction et de son traitement ? Les adolescents qui consomment de la drogue font des choix qui provoquent des dommages tout à fait réels. Comme aimait à me le répéter un clinicien : « Les gamins sont très forts quand il s'agit de prendre de très mauvaises décisions. » Mais dans le cas de l'addiction, la nature du « choix » ou de la « prise de décision » est loin d'être claire. Est-ce que l'on décide de devenir dépendant de substances qui nous mettent en danger – et alors on se tromperait sur le plaisir ou on se mépriserait soi-même ? D'une part, ce serait faire preuve d'un déterminisme outré et de beaucoup de naïveté que de penser que les adolescents sont libres de prendre les décisions qu'ils veulent quand il est question de drogue et de thérapie. Mais d'autre part, il serait dangereux de partir du principe que les adolescents ne font aucun choix conscient et bien arrêté concernant leur consommation de drogue et leur implication dans la thérapie. Le problème porte, en partie, sur les conditions structurelles et les circonstances individuelles qui limitent ou contraignent – mais ouvrent et permettent également – les possibilités et l'agentivité. Néanmoins, il y a une conception du choix et de l'auto-détermination qui entre en jeu dans le souci de soi dans le cadre de l'addiction et du traitement, et cette conception demande à être évaluée. Comment jugeons-nous les « mauvaises décisions » qui peuvent conduire à des dommages (exposition à la violence interpersonnelle, exposition à la maladie, perte du soi) mais qui apparaissent parfois aussi comme des expressions du souci de soi ?

LAURA

Laura m'a été présentée par l'une des équipes cliniques du centre de traitement, à une étape assez précoce de mes recherches. Elle ne venait pas d'un milieu social et familial particulièrement difficile, du moins, celui-ci n'avait de ce point de vue rien de particulièrement frappant par comparaison avec celui des autres adolescents que j'ai suivis. Ses parents n'appartenaient pas à la classe des « travailleurs pauvres » contrairement à ceux de tant d'autres des adolescent que l'on m'avait envoyés, ils avaient plutôt toutes les caractéristiques de cette classe moyenne qui tend aujourd'hui à disparaître. L'histoire de Laura avec la drogue, cependant, n'était pas différente de celle des autres adolescents en traitement. Vers seize ans, elle prenait déjà régulièrement des opiacés de prescription depuis deux ans. Elle avait commencé à en prendre avec un petit ami, et avait ensuite continué à le faire sans interruption jusqu'à ce que ses parents la « forcent » à entrer en cure de désintoxication, « contre sa volonté » – « se débattant et hurlant » (pour reprendre les termes de sa mère).

Laura était déjà venue une fois au centre de traitement avant notre rencontre. Entre sa précédente admission et celle-ci, elle avait vu un médecin dans le privé à Baltimore, qui lui avait prescrit du

Suboxone® pour traiter sa toxicomanie. D'après la manière dont elle racontait les choses, cela avait été loin d'être un succès :

> Il faut que tu comprennes un truc. Peut-être que c'est juste moi, mais je pense pas que tu puisses juste donner une pilule à quelqu'un et t'attendre à ce que tout aille bien. Les pilules, c'est ça le problème ! Enfin, au moins mon problème… Je fais ça *très* bien, prendre des pilules [rires]. J'en ai pris [du Suboxone®], mais j'ai continué à consommer [d'autres médicaments]. Je venais pour avoir plus de « bupe » [buprénorphine] et le médecin me disait comme ça : « Tu consommes encore. Pourquoi ? Est-ce que le traitement ne marche pas ? » Et moi j'étais là : « Évidemment que je continue, pourquoi pas ? » Quand personne fait attention, c'est un peu comme si je pouvais faire n'importe quoi. C'était un chic type et tout ça, mais ça change rien.

J'ai questionné Laura sur ce qu'elle laissait entendre, à savoir que l'on ne peut pas compter sur le fait que les gens suivront bien l'ordonnance du médecin et s'en tiendront la posologie prescrite – c'était là un thème récurrent dans nos conversations au centre :

> Todd : Est-ce que c'est quelque chose de particulier au Suboxone®, ou est-ce que tu veux dire qu'on ne peut faire confiance à personne, quel que soit le médicament ?
> Laura : Non, je pense que c'est seulement avec ce médicament. Quoi que. En fait, non, je dirais que c'est le cas pour tous les médicaments. Les gens ne prennent pas leurs antibiotiques comme ils sont censés le faire. Pourquoi est-ce que tu crois que mes parents ont quelque chose comme dix boîtes à moitié entamées de médicaments dans l'armoire à pharmacie ? Tu prends quelque chose jusqu'à ce que tu te sentes mieux. Point. Et quand je consomme, tout ce qui m'intéresse c'est comment je me sens, même si ça fait chier tout le monde.
> Todd : Alors, tu prenais du Suboxone® seulement jusqu'à ce que tu te sentes mieux, et après tu arrêtais d'en prendre ?
> Laura : Non, j'ai continué d'en prendre. Ça a un goût de métal sous la langue, mais j'ai continué d'en prendre. Je voyais aucune raison d'arrêter. Mais je voyais pas non plus de raison d'arrêter de prendre d'autres trucs.

Ce qu'il y a de curieux dans les entretiens que j'ai eus avec Laura au centre, à propos de son expérience avec le médecin du privé, c'est qu'elle aurait facilement pu répéter le même comportement et prendre encore des opiacés de prescription pendant son séjour (d'autres l'avaient fait… et le faisaient). Mais ce n'était pas le cas. Elle s'en tenait au Suboxone®, et avait tout à fait l'air d'avoir l'intention de poursuivre ce traitement sans rien prendre d'autre tant qu'elle serait au centre. « Je fais partie de quelque chose ici » m'a-t-elle dit. Mais de quoi elle faisait « partie » exactement, voilà qui est resté assez obscur.

Au fil de nos entretiens, lors de son séjour au centre, les liens qu'elle entretenait avec d'autres adolescents du centre sont devenus évidents. Son comportement a changé au cours des semaines. Elle choisissait des formes de discours qu'elle n'employait pas au début. Elle utilisait des expressions telles que « drogue de prédilection » et « mon histoire avec la drogue », des expressions auxquelles la plupart des autres adolescents semblaient avoir recours spontanément après les innombrables séances de thérapie de groupe. Et quand il a été temps pour elle de passer au traitement intensif en consultation de jour, elle était vraiment triste de partir. Je l'ai suivie alors qu'elle embrassait les membres de l'équipe du centre et d'autres adolescents avec lesquels elle était devenue proche – et qui étaient nombreux.

Son départ s'annonçait prometteur, mais il était aussi empreint de tristesse.

J'ai continué de parler avec Laura pendant ses visites à la consultation externe du centre. Elle a exprimé le désir de revenir, d'être à nouveau admise. Quand je lui ai demandé quels étaient ses projets (pour les études, le travail, elle songeait alors à faire une formation pour devenir chauffeur), elle est restée évasive. Pour finir, elle a cessé de venir aux consultations externes. Quand j'en ai parlé avec sa mère, celle-ci m'a dit que sa fille avait repris un traitement avec le médecin du privé.

LES LIMITES DU CONTRÔLE

Deux jours avant que je quitte le centre de traitement, Laura a été réadmise. Elle n'avait l'air ni renfermé, ni contraint. En fait, elle semblait toute gaie, pour dire le moins. Quand je lui ai demandé pourquoi elle était revenue, elle m'a donné une réponse toute simple : « Cet endroit me manquait. »

Pendant toute la durée de son séjour au centre de traitement, Laura fut une patiente modèle. « Elle est merveilleuse » m'a dit une assistante sociale, « je n'arrive pas à comprendre pourquoi elle se retrouve chez nous à chaque fois. Si elle se conduisait de la même manière une fois dehors, il n'y aurait aucun problème. » Laura suivait la thérapie tant qu'elle était au centre de traitement, mais aussitôt qu'elle ne disposait plus d'aucune structure, quelle qu'elle soit, et quel que soit le sentiment d'attachement qu'elle y trouvait, tout s'effondrait. Elle me dit : « Quand je suis là, à l'intérieur, c'est pas la même chose que quand je suis à l'extérieur. Même en étant traitée avec la même chose, ça n'a rien à voir. »

Laura manifestait un grand désir d'être en traitement, en particulier en traitement au centre résidentiel. Sa mère le reconnaissait. « Elle aime beaucoup cet endroit. Mais nous, nous le détestons », me dit-elle à l'occasion d'une visite de la famille lorsque Laura fut admise pour la seconde fois. « Nous avons l'impression que nous l'abandonnons dans cet endroit » dit sa mère tandis que son père acquiesçait gravement. Elle poursuivit :

> Nous voulons qu'elle prenne les bonnes décisions, et essayons de lui donner l'espace nécessaire pour qu'elle puisse le faire à la maison. Nous lui en demandons vraiment très peu. Elle peut aller à l'école, être avec ses copains. C'est notre seul enfant, et c'est comme ça que nous la traitons. Tout le monde l'apprécie ! À son école aussi. Nous n'aimons pas l'influence que cet endroit exerce sur elle. Les histoires qu'elle raconte à propos des autres gamins finissent par me faire dresser les cheveux sur la tête. Agressions sexuelles, viols, VIH – ce n'est pas notre Laura – et pourtant elle s'identifie à ces gamins. Laura n'a même jamais reçu de fessée ! [Le

> père de Laura s'exclame : « Bon Dieu, bien sûr que non ! »] Son père et moi on n'a jamais touché à la drogue – je déteste prendre des pilules, quelles qu'elles soient, même quand je suis malade – c'est à se demander comment elle arrive tout simplement à s'en procurer.

Les parents de Laura insistaient beaucoup sur le fait qu'ils refusaient d'être « contrôlants », car cela leur paraissait être le meilleur moyen d'« inciter les gamins à faire semblant ». Mais quand Laura décrivait la relation qu'elle entretenait avec ses parents, elle expliquait qu'en un sens, « c'était sûr qu['elle allait] merder ». En outre, Laura voulait de l'espace (hors de la maison) pour prendre ses propres décisions, des décisions « bordéliques ». En dépit des routines parfaitement orchestrées du traitement résidentiel – des routines que la plupart des autres adolescents trouvaient trop restrictives et auxquelles ils s'opposaient activement – et aussi contradictoire que cela puisse paraître, Laura trouvait le fait de « se retrouver toute seule » en traitement comme quelque chose qui lui offrait un degré de liberté qu'elle ne trouvait pas chez elle. Le centre de traitement, « avec toutes ses règles », demeurait malgré tout un espace où elle pouvait être une « adulte », où elle pouvait décider de « déconner ou de ne pas déconner ». Pour elle, le domicile familial (et son traitement à long terme avec le médecin du privé) était un endroit où elle n'avait pas d'autre choix que de prendre de la drogue.

La logique du soin

Dans son récent ouvrage, *The Logic of Care. Health and the Problem of Patient Choice*, Annemarie Mol aborde les thèmes de l'autonomie du patient et de la recherche de la santé en termes de compétition entre logique du soin et logique du choix[1]. Le choix individuel et, ce qui est plus important encore pour Mol, la reconnaissance du fait que les individus méritent d'être *entendus* lors de la rencontre médicale, se présentent comme des pré-

1. A. Mol, *The Logic of Care. Health and the Problem of Patient Choice*, London, Routledge, 2008.

conditions pour le processus thérapeutique. L'argument que Mol développe – un argument d'une très grande importance – est celui selon lequel, sous la bannière du consumérisme médical, on assimile le « choix » à un vague désir d'atteindre « la vie bonne ». « Dans les pratiques de soin, écrit-elle, on fait appel à nos esprits, non à nos désirs. » Or, étant donné ce que sont concrètement la maladie et le trouble, le soin n'est pas toujours quelque chose de rationnel : « Nos désirs peuvent ne pas être rationnels, mais, comme le reconnaît la logique du soin, nos esprits ne le sont pas non plus. Ils sont au contraire pleins de failles, de contradictions, et d'obsessions. »[1] La distinction qu'établit Mol entre *soin* et *choix* sépare les faits des valeurs – laissant la question de l'*acte*, des *conditions* et de l'offre de soin dans un embrouillamini irrationnel dont beaucoup d'entre nous sont, en fait, les complices[2].

Nous pouvons trouver, dans la thèse proposée par Mol, une forme de lutte pour se dégager du collectif. En outre, elle pose des questions intéressantes et difficiles concernant les limites et les valeurs appliquées aux conceptualisations du *souci de soi*. Comme objet d'enquête anthropologique, il n'est besoin que de regarder les tentatives menées par Arthur Frank pour réconcilier d'une part la dissimulation nécessaire « pour prendre soin de soi », avec d'autre part le désir de garantir la signification dans la « confession » ou la « narration » du trouble[3]. Dans le troisième volume de l'*Histoire de la sexualité*, nous trouvons la conception que se fait Michel Foucault du *souci de soi*[4]. Le « souci de soi », s'occuper ou « prendre soin » de soi : tous ces termes apportent une définition nouvelle de ce que c'est qu'être un individu. Mais ce qui reste encore difficile à comprendre ici, c'est la manière dont les actes réalisés au cours du

1. *Ibid.*, p. 29.

2. *Ibid.*, p. 48-53.

3. A. Frank, « Stories of Illness as Care of the Self. A Foucauldian Dialogue », *Health*, vol. 2, 1998, p. 239.

4. M. Foucault, *Histoire de la sexualité III. Le souci de soi*, « Tel », Paris, Gallimard, 2008 ; M. Foucault, « Technologies of the Self », dans *Technologies of the Self*, éd. L.H. Martin, H. Gutman et P.H. Hutton, Amherst, University of Massachusetts Press, 1988.

processus thérapeutique (celui du traitement contre la toxicomanie) effacent la distinction entre, d'une part, les conditions nécessaires au *souci de soi*, et d'autre part, celles qui sont nécessaires au *soin* en tant que relation éthique avec autrui. Une réflexion sur ce sujet se retrouve dans les travaux de Ludwig Wittgenstein, Stanley Cavell, Emmanuel Levinas, et d'autres [1]. Encore plus difficile à saisir est la manière dont ces relations s'articulent les unes aux autres au sein des pratiques thérapeutiques, et dans l'acte (qui n'est finalement pas si transparent que cela) de prendre soin de quelqu'un d'autre. Il est possible que quelque chose comme « l'éthique du soin » de Carol Gilligan puisse offrir un modèle, celui de quelque chose qui ne se limite pas à des principes abstraits d'économie politique et de justice [2]. Le terme de « soin », ici, est opératoire si on veut réactiver la dimension de la valeur dans les activités sociales qui visent le soin d'autrui, tout en rendant encore compte de la texture morale des relations humaines – il s'agit là d'une exigence à laquelle Michel Foucault était également sensible [3]. La tentative de redéfinir les relations de dépendance constitue un point de départ pour une « éthique du soin », du moins une éthique qui reformule les théories de la justice sur la base d'une anthropologie politique, en s'efforçant de rendre compte de la constitution relationnelle des agents moraux [4].

1. S. Laugier, « Wittgenstein and Cavell. Anthropology, Skepticism and Politics », dans A. Norris (dir.), *The Claim to Community. Essays on Stanley Cavell and Political Philosophy*, Stanford, Stanford University Press, 2006 ; S. Cavell, *Little Did I Know. Excerpts from Memory*, Stanford, Stanford University Press, 2010 ; P. Molinier, S. Laugier et P. Paperman, *Qu'est-ce que le care ? Souci des autres, sensibilité, responsabilité*, Paris, Payot, 2009.

2. C. Gilligan, *In a Different Voice. Psychological Theory and Women's Development*, Cambridge, Mass., Harvard University Press, 1983 ; V. Nurock (dir.), *Carol Gilligan et l'éthique du care*, Paris, P.U.F., 2010.

3. M. Foucault, « L'éthique du souci de soi comme pratique de la liberté », dans *Dits et écrits II*, *op. cit.*

4. M. Garrau et A. Le Goff, *Care, justice, dépendance. Introduction aux théories du care*, Paris, P.U.F., 2010. Voir également F. Worms, *Le moment du soin*, Paris, P.U.F., 2010 et J.-Ph. Pierron, *Vulnérabilité. Pour une philosophie du soin*, Paris, P.U.F., 2010.

Le « soin », comme *résultat* de l'intervention médicale, devrait rendre compte à la fois de l'objet (le comprimé) et des actions mises en jeu pour donner aux objets leur rôle de vecteurs de thérapie (thérapie psychosociale, prescriptions des médecins, etc.). Céline Lefève a récemment affirmé que l'on peut envisager les techniques médicales, y compris dans leur matérialité, comme exemplifiant les traits caractéristiques du soin [1]. Ce qui est intéressant ici, c'est que *soin/prendre soin* et *thérapeutique* deviennent théoriquement (et non seulement pratiquement) difficiles à distinguer – ce qui n'est pas un problème en soi, mais cela demanderait que nous fassions résolument intervenir la question du soin *et* la question de la thérapeutique [2]. Le soin, semble-t-il, se trouve quelque part entre un *événement* ou un *moment* et un ensemble de conditions (institutionnelles, intersubjectives) qui rendent son offre possible. Ces *conditions* devraient pouvoir rendre compte de difficultés spécifiques que soulèvent la qualité de patient, l'environnement biomédical, et tout un ensemble de dispositifs institutionnels, à la fois formels et informels. Cela aurait pour effet de rendre la logique du soin étroitement solidaire d'une logique administrative de la thérapeutique, et ainsi d'aménager une sorte de tissu conjonctif entre le soi comme acteur de sa thérapie (c'est à dire pouvant lui donner la direction qui lui plaît, y compris la faire dériver) et la thérapeutique. On disposerait alors en même temps d'un lien entre les environnements cliniques et les patients qui y pénètrent.

1. F. Worms, C. Lefève, L. Benaroyo et J.-C. Mino, *La philosophie du soin*, Paris, P.U.F., 2010; O. Doron, C. Lefève et A.-Ch. Masquelet, *Soin et subjectivité*, Paris, P.U.F., 2010.

2. United States Department of Justice – Drug Enforcement Administration – Office of Diversion Control, « Schedule of Controlled Substances. Proposed Rule. Rescheduling Buprenorphine From Schedule V to Schedule III », 21 mars 2002; National Institutes of Health, « Buprenorphine Approval Expands Options for Addiction Treatment », *National Institute on Drug Abuse Research News*, vol. 17, n° 4, 2002.

NOUVELLES GÉOGRAPHIES

Le Drug Addiction Treatment Act autorisait la prescription de buprénorphine dans le cadre de traitements délivrés hors des environnements cliniques sous contrôle intensif[1]. Lorsque les médicaments développés par Reckitt Benckiser Pharmaceuticals furent approuvés en octobre 2002, le traitement de la toxicomanie en cabinet de ville devint une réalité clinique[2]. La remise à l'honneur de la buprénorphine et l'approbation des nouveaux médicaments par la FDA ont marqué une victoire pour les compagnies pharmaceutiques et pour les partisans d'un traitement des addictions plus global. Cependant, en même temps qu'un optimisme croissant, des inquiétudes concernant le mauvais usage des opioïdes de prescription et l'apparition de nouvelles populations de consommateurs d'opiacés (à savoir des adolescents [débutant par des antidouleurs de prescription] et des adultes plus âgés n'ayant jamais consommé d'opiacés [suite à la dépendance engendrée par le traitement de douleurs post-opératoires]) ont commencé à se manifester[3].

À première vue, l'histoire de la buprénorphine semble analogue à celle de la méthadone, trente ans plus tôt. Tout comme celui de la méthadone, l'espoir placé en la buprénorphine, comme médicament efficace pour traiter la toxicomanie, a commencé doucement à s'éroder en raison de (ou du moins, cette évolution est liée à des) inquiétudes portant sur le détournement des médicaments et leur potentiel abus[4]. Il y a, cependant, un certain nombre de différences importantes entre ces deux cas. Sur le plan

1. Reckitt Benckiser Pharmaceuticals – Press Release, « First New Addiction Treatment Products in 30 Years Approved for In-Office Treatment », 9 octobre 2002.

2. National Institutes of Health – Statement for the Record (Glen R. Hanson), « Hearing Before the Health, Education, Labor and Pensions Committee United States Senate – "OxyContin. Balancing Risks and Benefits" », 12 février 2002.

3. Voir J. Gaetner, R. Voltz et C. Ostgathe, « Methadone. A Closer Look at the Analgesia, Confusion and Risk », *Journal of Pain & Palliative Care Pharmacotherapy*, vol. 19, 2005, p. 3-5.

4. *Ibid.*

pharmacologique, la buprénorphine est beaucoup moins susceptible de produire des effets secondaires négatifs, tels que la détresse respiratoire, que la méthadone, ce qui rend la gestion du traitement par pharmacothérapie beaucoup plus sûre et thérapeutiquement beaucoup plus séduisante que ce qu'offraient toutes les autres thérapies de substitution antérieures. La plus grande différence, cependant, se trouve dans l'organisation du traitement elle-même. À la différence de la méthadone, la buprénorphine est disponible en dehors des environnements de traitement très contrôlés et spécialisés. Les médecins du privé, après avoir suivi quelques courts modules de formation auprès de la Substance Abuse and Mental Health Services Administration (SAMHSA), pouvaient prescrire de la buprénorphine dans leur cabinet de ville, en consultation externe. Plutôt que de référer les patients à des services de traitement spécialisés, les médecins prescripteurs ont subitement eu la possibilité de recourir au jugement individuel pour proposer un traitement, ce qui constituait une extension de leur rôle clinique [1]. Et pourtant, en dépit de cette migration, la buprénorphine demeure encore prise entre deux récits concurrents : un récit du *même* – qui reflète les inquiétudes concernant le risque individuel et la menace publique – et un récit de la *différence* – un récit qui tente de garantir le nouvel espoir que le médicament et les modalités de son administration permettront aux cliniciens d'affronter plus efficacement le problème de l'addiction. Non seulement ces récits trouvent un écho dans les propos du public et des professionnels, mais ils se propagent également jusque dans les discussions que se tiennent les médecins entre eux et dans les attentes explicites que les familles et les patients en viennent à formuler à l'endroit du traitement.

1. Le mouvement vers la dé-spécialisation, au moins dans le cas du traitement de l'addiction, semble aller contre l'accroissement de la spécialisation tout au long du vingtième siècle tel que le décrit George Weisz dans son *Divide and Conquer. A Comparative History of Medical Specialization*, New York, Oxford University Press, 2006.

Le passage de structures de traitement étroitement contrôlées à des dispositifs privés, des consultations externes au cabinet, a non seulement changé l'espace dans lequel le traitement s'effectuait, mais également la manière dont la thérapeutique a pu être conceptualisée [1]. Tandis qu'il y a un nombre considérable de bénéfices associés à la plus grande disponibilité des médicaments pour le traitement de la toxicomanie, il y a aussi un fossé de plus en plus large qui se creuse entre les sphères publiques et privées – tout comme entre le groupe et l'individu [2]. Au travers de mes discussions avec des médecins, à la fois dans des institutions privées et au sein d'institutions de séjour dédiées au traitement de la toxicomanie, j'ai découvert des éléments qui suggèrent que ce fossé n'est pas tant (ou n'est pas *seulement*) socio-économique (séparant ceux qui peuvent s'offrir un traitement privé et ceux qui ne le peuvent pas), mais qu'il crée une distance croissante entre la manière dont les patients et celle dont les médecins imaginent le traitement.

La famille de Laura pouvait s'offrir un traitement privé, bien que dans certaines limites financières. Mais le problème, d'après le père de Laura, n'était pas seulement de nature pécuniaire. Le père de Laura était un vétéran de la première Guerre du Golfe, durant laquelle il avait servi comme sergent. Après la guerre, il avait fréquenté un centre de formation technique et commencé à travailler comme superviseur de maintenance auprès du Veteran's Administration (VA) Hospital. « Vous n'arriveriez pas à croire aux choses auxquelles ces jeunes se retrouvent confrontés quand ils rentrent d'Iraq ou d'Afghanistan », me dit-il à l'occasion d'une

1. Voir B.R. Meier et A.A. Patkar, « Buprenorphine Treatment. Factors and First-Hand Experiences for Providers to Consider », *Journal of Addictive Diseases*, vol. 26, n° 1, 2007, p. 3-14. Voir aussi H.K. Knudsen, L.J. Ducharme et P.M. Roman, « Early Adoption of Buprenorphine in Substance Abuse Treatment Centers. Data from the Private and Public Sectors », *Journal of Substance Abuse Treatment*, vol. 30, n° 4, 2006, p. 363-373.

2. J.H. Jaffe et C. O'Keeffe, « From Morphine Clinics to Buprenorphine. Regulating Opioid Agonist Treatment of Addiction in the United States », *Drug and Alcohol Dependence*, vol. 70, 2003, S3-S11.

visite chez eux. « Les médicaments, les amputations, le désespoir. J'ai servi sur le même théâtre d'opérations, mais je ne me retrouve pas du tout en eux. » Le père de Laura se préoccupait visiblement beaucoup de ces hommes et femmes qui étaient de retour et « se perdaient dans le système ». « C'est comme s'ils étaient devenus dépendants de l'armée, puis de la VA. J'ai eu de la chance, je suis content d'avoir un meilleur avenir et de continuer à servir, mais ces jeunes… bon Dieu. »

Le père de Laura était très clair sur le fait qu'il ne voulait pas que sa fille se retrouve perdue dans un système qui « vole leur avenir à ces jeunes ». La possibilité, pour elle, d'avoir une carrière professionnelle, d'« avoir un meilleur avenir », entretenait un lien direct avec son désir de garder Laura loin d'un traitement résidentiel. « Pour moi la VA et [nom du centre] font partie du même système », dit-il, « je ne me le pardonnerais jamais si je l'abandonnais là-dedans. » Non que les conditions de classe ou les conditions socio-économiques créent une distance entre les traitements publics et privés : c'est la signification (pour le père de Laura) attachée à chacun de ces endroits qui instaurait la distance – l'un étant associé au « système » tandis que l'autre était associé au soin et à la promesse d'un avenir meilleur.

CRAINTE ET PROMESSE

Le traitement de la dépendance aux opiacés au moyen d'autres opiacés ne se résume pas à une simple substitution. Les propriétés pharmacocinétiques des substances ne sont qu'un élément dans le registre thérapeutique, où chacun des autres éléments joue également un rôle [1]. Tous les opioïdes ne sont pas les mêmes (d'un point de vue pharmacologique) et tous les opioïdes ne sont pas perçus de la même manière (cliniquement, socialement, politiquement). Les propriétés analgésiques de la morphine, de la méthadone et de l'héroïne ont

1. « In Battle Against Heroin, Scientists Enlist Heroin », *New York Times*, 8 juin 1999.

chacune, à un moment distinct de leur histoire respective, été considérées comme ayant une valeur thérapeutique. L'exemple le plus récent de la manière complexe dont la valeur thérapeutique est appréhendée est peut-être celui de la controverse qui a entouré l'utilisation de l'héroïne comme thérapie de remplacement pour les abus d'opiacés dans certaines parties de l'Europe [1]. Il ne suffit pas qu'un médicament soit jugé « pratique » et efficace du point de vue médical pour que les inquiétudes qui concernent son potentiel détournement soient apaisées – et cela ne suffit pas non plus à effacer ce que, traditionnellement, on y associe. Même dans un environnement où la gestion de la thérapie est étroitement contrôlée, les opioïdes dérangent quand il y en a dans l'enceinte même du centre de traitement [2]. Néanmoins, les évolutions historiques et le contexte local n'arrivent pas à expliquer pourquoi la buprénorphine a eu un tel impact sur la re-conceptualisation du traitement de la toxicomanie, tout en conservant quelque chose de vaguement menaçant et dont la manière dont le traitement est effectivement délivré ne saurait rendre compte.

Un bref article du *New England Journal of Medicine*, annonçant l'autorisation de mise sur le marché de la buprénorphine pour le traitement de la toxicomanie ainsi que l'autorisation de son utilisation par les médecins de ville, exprimait l'espoir que la buprénorphine ne deviendrait pas une drogue de rechange comme l'était devenue la méthadone [3]. La buprénorphine offrait une thérapie de remplacement

1. L. Amato, S. Minozzi, M. Davoli, S. Vecchi, M.M. Ferri et S. Mayet, « Psychosocial and Pharmacological Treatments versus Pharmacological Treatments for Opioid Detoxification », *Cochrane Database of Systematic Reviews*, vol. 4, 2008, article n° CD005031.

2. D.A. Fiellin et P.G. O'Connor, « Office-Based Treatment of Opioid-Dependent Patients », *New England Journal of Medicine*, vol. 347, 2002, p. 817-823 ; « Vital Signs. A New Drug Means a New Venue », *New York Times*, 15 octobre 2002 ; « New Drug Promises Shift in Treatment for Heroin Addicts », *New York Times*, 11 août 2003.

3. S.L. Walsh et T. Eissenberg, « The Clinical Pharmacology of Buprenorphine. Extrapolating from the Laboratory to the Clinic », *Drug and Alcohol Dependence*, vol. 70, 2003, S13-S27.

« beaucoup mieux adaptée » [1]. Mais même ainsi en présence d'un nouveau traitement, désormais mis à la disposition d'un plus grand ensemble de cliniciens, le problème de santé publique que posait le fait qu'un grand nombre d'individus toxicomanes n'étaient pas actuellement traités a perduré [2]. Le tableau clinique que présente un patient souffrant de toxicomanie n'est pas nouveau pour les médecins de ville ; en revanche la capacité de traiter ainsi des patients pour dépendance – dans le privé – est, elle, bien quelque chose de nouveau [3].

PLUS RIEN DE SPÉCIAL

« Il est tellement primordial que nous disposions de ces médicaments. Vous n'imaginez pas l'étendue du problème de la dépendance », m'a dit un jeune médecin qui travaillait dans un centre de traitement privé :

> Ce n'est pas comme si le problème était nouveau – ça, bon Dieu non. Mais la « bupe » c'est *inédit* parce que vous ne pouvez plus envisager l'addiction sans penser à ce que vous avez dans votre arsenal [pharmacologique] pour lutter contre, et pas seulement parce que vous travaillez en médecine de l'addiction. Là, on a une nouvelle arme, et ça a pour effet que vous voyez l'addiction sous un nouvel angle. Vous voyez ce que je veux dire ? On ne peut pas réfléchir à la dépendance aux drogues sans penser au moyen d'intervenir en même temps. Enfin, c'est mon cas…

Il poursuivit en expliquant qu'il n'y avait « pas seulement une approche » pour le traitement en cabinet de ville, de même il n'y

1. L.E. Sullivan et D.A. Fiellin, « Narrative Review. Buprenorphine for Opioid-Dependent Patients in Office Practice », *Annals of Internal Medecine*, vol. 148, n° 9, 2008, p. 662-670.

2. *Ibid.*

3. W. Ling *et al.*, « A Multi-Center Randomized Trial of Buprenorphine-Naloxone versus Clonidine for Opioid Detoxification. Findings from the National Institute on Drug Abuse Clinical Trials Network », *Addiction*, vol. 100, 2005, p. 1090-1100.

avait pas seulement une approche pour le traitement formel du patient dépendant à l'hôpital[1] :

> Oui, j'ai suivi la formation de la SAMHSA, mais les modules proposés avaient tendance à embrouiller la pratique clinique. D'un côté, on vous forme au diagnostic de la dépendance et de l'abus pour les non-spécialistes, comme dans le DSM abrégé [Diagnostic and Statistical Manual]. Et de l'autre, on vous donne un ensemble d'outils pour voir s'il y a du progrès et s'assurer de ce que deviennent les pilules. Mais c'est ce qu'il y a entre les deux, le traitement, qui n'est pas bien défini – ce qui, je suppose, est une bonne chose, puisque ça montre qu'ils ont confiance en notre jugement de médecins. J'imagine que si vous discutiez avec une centaine d'autres médecins, vous trouveriez une centaine d'approches différentes de la manière de mettre en place le traitement.

J'ai effectivement interrogé plus d'une centaine d'autres médecins, la plupart par téléphone. Il serait difficile de reformuler leurs avis sur le traitement en termes communs, si ce n'est en disant que pour tous il représentait un progrès. Dès le début, la mise à disposition de la buprénorphine dans les cabinets médicaux de ville a été diversement appréciée[2]. Les médecins avec lesquels j'ai discuté avaient des avis très différents au sujet de l'essai, mené à la fin des années 1990, de traiter la toxicomanie à l'aide de méthadone dans des structures de soin de première ligne plutôt que dans des

1. A.L. Koch, C.L. Arfken et C.R. Schuster, « Characteristics of U.S. Substance Abuse Treatment Facilities Adopting Buprenorphine in its Initial Stage of Availability », *Drug and Alcohol Dependence*, vol. 83, n° 3, 2006, p. 274-278.

2. P.G. O'Connor *et al.*, « A Randomized Trial of Buprenorphine Maintenance for Heroin Dependence in a Primary Care Clinic for Substance Users versus a Methadone Clinic », *American Journal of Medicine*, vol. 105, 1998, p. 100-105 ; P.G. O'Connor *et al.*, « Three Methods of Opioid Detoxification in a Primary Care Setting. A Randomized Trial », *Annals of Internal Medicine*, 127, n° 7, 1997, p. 526-530 ; B.J. Turner *et al.*, « Barriers and Facilitators to Primary Care or Human Immunodeficiency Virus Clinics Providing Methadone or Buprenorphine for the Management of Opioid Dependence », *Archives of Internal Medecine*, vol. 165, 2005, p. 1769-1776.

cliniques de méthadone[1]. « Il n'y a pas l'ombre d'une comparaison possible », me dit un médecin interniste qui travaillait dans une clinique de soins de première ligne accueillant les familles à bas revenus du sud-ouest de Baltimore :

> J'ai fait partie des médecins qui ont pris part à ça [la transition vers le traitement à la méthadone en cabinet de ville]. Vous auriez pu recouvrir tout le hall avec toute la paperasserie que je me suis tapée [rires]. Ça a été un désastre. Ça n'a certainement pas atténué les stigmates qui sont associés à la méthadone… ça les a plutôt accentués. Je traite plus de vingt patients avec de la « bupe » et je n'ai jamais eu de problème. Ça n'a vraiment pas changé grand-chose du point de vue administratif[2].

Je m'intéressais à la question de savoir si les deux approches (traitement du patient dans un centre, ou traitement en cabinet de ville) étaient perçues comme fonctionnant de manière différente ou non, ou si on jugeait que l'une marchait mieux que l'autre. « Oui et non » m'a dit un psychiatre spécialisé en médecine de l'addiction au centre de traitement :

> La thérapie psychosociale est un supplément important pour le traitement médicamenteux, mais les médicaments et leurs dosages sont en grande partie les mêmes dans les deux cas, et le suivi est à peu près identique. Nous faisons du traitement par surveillance directe pendant le séjour, mais aussitôt qu'il y a passage à un traitement en consultation externe, nous partons du principe que les patients continueront de respecter leurs prescriptions. Donc, c'est à peu près la même chose qu'avec un traitement privé.

Une question à laquelle il est difficile de répondre dans la perspective du clinicien individuel, cependant, est celle de savoir

1. Reckitt Benckiser Pharmaceuticals, « Bush Signs Law. More Patients May Be Treated for Opioid Dependence/Addiction with Buprenorphine », *Medical News Today*, 2 janvier 2007. Le nombre maximum de patients qui pouvaient être traités par un médecin est passé de 30 à 100.

2. E. Day, J. Ison et J. Strang, « Inpatient versus Other Settings for Detoxification for Opioid Dependence », *Cochrane Database of Systematic Reviews*, vol. 2, 2005, article n° CD004580.

si oui ou non le traitement touche effectivement de nouvelles populations [1]. Le représentant de la Commission pour la Santé de Baltimore, le Dr. Joshua M. Sharfstein, s'est battu pour étendre les services de traitement avec la « Baltimore Buprenorphine Initiative » en 2006. Cette expansion a fait de la buprénorphine le premier traitement de première ligne dans cette ville [2]. Un premier problème auquel cette entreprise a dû faire face a été de trouver des médecins susceptibles de recevoir l'autorisation de prescrire. Même si les médecins libéraux étaient sensiblement plus susceptibles que les médecins des hôpitaux publics d'utiliser effectivement la buprénorphine, il était difficile de dire dans quelle mesure la buprénorphine avait été formellement adoptée dans les structures à la fois publiques et privées [3]. Une question lancinante continuait de se poser, qui avait à voir avec les évolutions qu'avait connues l'*apparence* du traitement entre public et privé – et avec la question de savoir qui étaient ceux qui *portaient leur regard* là-dessus [4]. Les médecins avec lesquels j'ai discuté et qui travaillaient dans des institutions privées, en consultation externe, avaient sur les traitement des avis similaires à ceux qu'avaient les médecins travaillant dans les institutions publiques. Néanmoins, une distinction plus fine entre ces environnements cliniques émerge quand les patients passent par les deux, à différents stades de leur trajet thérapeutique.

1. D.A. Fiellin, R.A. Rosenheck et T.R. Kosten, « Office-Based Treatment for Opioid Dependence. Reaching New Patient Populations », *American Journal of Psychiatry*, vol. 158, 2001, p. 1200-1204.

2. Communiqué de presse du Baltimore City Council President, « City Council President Stephanie Rawlings-Blake Calls for Publing Hearing on Heroin Treatment. President to Request Expansion on City's Buprenorphine Availability », 26 mars 2007.

3. H.K. Knudsen, L.J. Ducharme et P.M. Roman, « Early Adoption of Buprenorphine in Substance Abuse Treatment Centers », art. cit.

4. S. McMurphy *et al.*, « Clinic-Based Treatment for Opioid Dependence. A Qualitative Inquiry », *American Journal of Health Behavior*, vol. 30, n° 6, 2006, p. 544-554.

LE SOIN QUE L'ON VOIT ET CELUI QU'ON NE VOIT PAS

« Je suis contente d'être de retour », m'a dit Laura à son retour au centre de traitement, « j'ai travaillé *dur* pour revenir ici [souriant]. » Dans le cas de Laura, il n'est pas clair que l'affection qu'elle avait pour le centre de traitement ait été la raison pour laquelle le temps qu'elle y avait passé s'était révélé si « fructueux » par comparaison avec celui qu'elle avait passé en traitement privé. Ce serait, semble-t-il, une erreur que de lui surimposer une intentionnalité qui ne rendrait pas compte des univers sociaux dans lesquels elle était empêtrée à l'extérieur du centre de traitement. Mais l'histoire de Laura commence bien à s'opposer à l'idée que le traitement en cabinet de ville serait un environnement de traitement équivalent, ou que le traitement individualisé conduirait nécessairement à de meilleurs résultats. « Je suis parfaitement satisfait si les gens peuvent trouver de l'aide, qu'importe l'endroit où ils peuvent la trouver », m'a dit l'un des cliniciens du centre de traitement, « doux Jésus, tout ce qui marche est bon à prendre. »

Dans le cas de Laura, il a fallu faire intervenir un ensemble complexe d'objets et d'acteurs avant de trouver « ce qui marche » – pour utiliser les termes proposés par Annemarie Mol, un mélange de faits et de valeurs ont été impliqués dans le choix de l'environnement de soin. Mais ce que Laura considérait comme « ce qui marche » était différent de ce que ses parents espéraient. Ils avaient conceptualisé les conditions du soin – autoriser la liberté domestique, ne pas surveiller ni contrôler, maintenir Laura hors du système – à l'opposé de la manière dont Laura se représentait le souci de soi, et partant, le processus de guérison. Le désir qu'avait Laura de pouvoir agir de manière « bordélique » – de faire ses propres choix – demeure dans les zones sombres de l'expérience vécue, lesquelles doivent rendre compte à la fois du « dehors » et de l'« intérieur » du traitement. Et dans le cas de l'addiction, le temps et l'espace nécessaires pour tirer des leçons de ses erreurs peut avoir des conséquences désastreuses.

Laura *avait choisi* d'être en traitement résidentiel plutôt que de rester dans une structure privée « à l'extérieur ». Mais de quel type de choix s'agissait-il ? Pourrait-on l'appeler *souci de soi* ? Ou s'agissait-il d'un choix consumériste ? En dernière instance, nous avons affaire à des logiques du choix et du soin qui se conforment à la demande institutionnelle et thérapeutique, ou à des représentations du soin et du désir de prendre soin (dans la pharmacothérapie, dans la famille, dans la présence – simplement dans le fait *d'être là* au centre de traitement), selon que le soin est envisagé comme se trouvant dans la clinique ou quelque part ailleurs. Enfin, nous sommes confrontés à des évaluations complexes de l'agentivité individuelle qui résistent à toute analyse simplificatrice.

CHAPITRE IV

THÉRAPIE ET RAISON

En décembre 2007, le *Baltimore Sun* a publié une série d'articles de fond au sujet de l'usage relativement récent de la buprénorphine pour traiter la toxicomanie à Baltimore [1]. Ces articles passaient en revue des données concernant l'utilisation de ce médicament en Afrique Sub-Saharienne, en France et dans un certain nombre de villes des États-Unis, afin de mettre en perspective l'impact local de ce traitement. En plus d'un court historique du médicament et d'une explication de son mode d'action, le *Baltimore Sun* rapportait que la police avait saisi 24 demi-comprimés sur un individu qui les revendait sur Pennsylvania Avenue, dans l'ouest de Baltimore. Dans les micros-trottoirs anonymes qu'ils avaient menés un peu partout dans la ville, les journalistes abordaient, entre autres, le sujet de l'auto-administration et du détournement du médicament. L'idée générale qui se dégageait de ces articles était claire : la thérapie était certes prometteuse sur le plan clinique, mais présentait de larges risques d'abus et de détournements. L'inquiétude la plus fondamentale portait sur l'ouverture de nouveaux marchés illégaux et la vente de ce médicament à des fins non thérapeutiques :

> La grande accessibilité de la Buprénorphine commence à aggraver certains des problèmes qu'elle était justement censée résoudre. Une

1. « Success, Setbacks in France, French Approach to Drug Offers Lessons that U.S. has Largely Overlooked », *The Baltimore Sun*, 17 décembre 2007 ; « Drug Earning Millions Despite "Orphan" Label. Status Granted before Law Increased Use of "Bupe" », *The Baltimore Sun*, 18 décembre 2007 ; « Not a Cure-All. Despite Praise, "Bupe" Alone Isn't Enough to Break Addicts of Destructive Routines », *The Baltimore Sun*, 18 décembre 2007.

> enquête du *Sun* a découvert que les patients vendent illégalement les médicaments qui leurs sont prescrits, créant ainsi une nouvelle drogue que certaines personnes s'injectent pour planer [1].

À peine quelques jours après que le *Baltimore Sun* eut publié cette histoire, le *City Paper*, un hebdomadaire alternatif local, relaya une histoire similaire en rapportant des affirmations selon lesquelles on constatait une augmentation de la consommation de drogue dans le Maryland [2]. Certes, de nombreux médecins du Maryland prescrivaient le médicament pour traiter leurs patients toxicomanes – à ce moment-là, il y avait un peu plus de 400 médecins accrédités pour prescrire la buprénorphine, et le volume de prescription était le septième à l'échelle nationale [3]. Mais en dépit de l'importance de ce volume, il y eut peu – si tant est qu'il y en ait eu – de médecins dans le secteur de Baltimore à avoir rapporté avoir eu des problèmes graves de détournement ou de revente du médicament par leurs patients [4].

1. « The "Bupe" Fix, Promoted by the U.S. as a Treatment for Opiate Addiction, Buprenorphine Has Become One More Item for Sale in the Illegal Drug Market », *The Baltimore Sun*, 16 décembre 2007.

2. « Drug Disabuse. Bupe Treats Heroin Addiction Easily and Safely but Remains Hard to Come By », *City Paper*, 19 décembre 2007.

3. Le nombre de médecins n'inclut pas ceux qui travaillent dans les programmes de traitement autorisés par le 21 U.S.C. Section 823 (g)(1) à délivrer (mais non à prescrire) des médicaments opiacés. Les programmes de traitement enregistrés sous le 21 U.S.C. Section 823 (g)(1) ne sont pas assujettis à une limite concernant le nombre de patients. Le volume de prescription dans le Maryland n'inclut pas ces programmes de traitements. Observatoire de la SAMHSA : http://buprenorphine.samhsa.gov/bwns_locator/ (consulté le 10 septembre 2015).

4. En mars 2008, j'ai conduit une étude téléphonique randomisée avec des médecins (n=126) du secteur de Baltimore qui avaient reçu la certification de la SAMHSA après l'an 2000, pour prescrire de la buprénorphine. D'après ce petit sondage de huit questions, réalisé auprès de ces médecins qui prescrivaient effectivement du Subutex ® ou du Suboxone ® en ambulatoire (n=86), aucun ne croyait que ses patients revendaient ou ne faisaient circuler leurs médicaments de manière illégale, ni n'avait connaissance d'autres cas de ce genre (autres que ceux rapportés par le *Baltimore Sun*, qui étaient spécifiquement référencés). Quand j'ai demandé si, en tant que médecins, ils croyaient que leurs patients abusaient du médicament, à plusieurs reprises ils m'ont demandé : « Vous savez comment le médicament fonctionne, non ? », faisant référence au faible potentiel d'abus du Suboxone ®, étant

Répondre coup pour coup

Les articles du *Baltimore Sun* ont provoqué une réaction immédiate. Rolley Ed. Johnson, le vice-président en charge des affaires scientifiques et des questions de réglementation pour le compte de Reckitt Benckiser Pharmaceuticals, rédigea une lettre officielle au nom de la compagnie en réponse à la manière dont le problème et son ampleur avaient été présentés, insistant sur le fait que la compagnie avait la ferme intention d'empêcher les potentiels abus [1]. Cette lettre concédait que la surveillance était insuffisante.

donné son seuil dose-effet. Par *croire* je m'intéressais à la perception qu'avaient les médecins de l'abus et du détournement, plutôt qu'à des cas empiriquement identifiés.

1. « Letter from Reckitt Benckiser VP for scientific and regulatory affairs », *The Baltimore Sun*, 17 décembre 2007. Voici un extrait de son contenu : « Notre souhait le plus cher est de réduire les méfaits de cette maladie dévastatrice et mal comprise, et d'aider autant d'individus que possible à suivre leur traitement sur le long terme et que ce soit un succès. Pour ce faire, nous avons travaillé en étroite collaboration avec le gouvernement, les sociétés médicales spécialisées dans le traitement des addictions, ainsi que les plus grands chercheurs dans le domaine des addictions, afin de pouvoir offrir ce traitement médical aux millions d'Américains qui en ont quotidiennement besoin. [...] L'objectif du traitement à la buprénorphine est d'intervenir avec force contre ce qui est devenu une menace pour la santé publique. Il ne fait aucun doute que, comme individus et comme enterprise, nous nous soucions de tout risque d'abus et/ou de détournement de nos produits, et depuis le début nous avons travaillé à mettre en place les mécanismes nous permettant de travailler avec le gouvernement, les autorités judiciaires et la communauté médicale afin d'éviter la possibilité et l'extension d'une activité illégale de ce type. [...] De plus, la compagnie a réalisé et continue de réaliser des investissements importants pour créer un réseau de distribution qui prévienne tout abus. Nous avons également mis en place et maintenons une communication ouverte et active à l'endroit des médecins concernés afin de les former à leur rôle dans la minimisation des risques de détournement et d'abus. Ces investissements financiers importants et soutenus étaient prévus dès le début par notre entreprise, comme relevant des coûts impliqués par les affaires liées à la prise en charge de la maladie [...] c'est à dire d'un traitement des addictions par nature très stigmatisé et risqué. Tout traitement de ce type représente une charge financière additionnelle ; la population de patients présente un fort risque de mésusage et/ou de détournement en raison même de son état médical chronique, et il faut être réaliste quant aux résultats escomptés. Mais en dépit des risques, c'est un signe de la valeur de ce traitement médical que la grande majorité des patients le recoivent comme étant sans danger et efficace, approuvé par la FDA, contre une

La compagnie reconnaissait des cas d'abus, mais n'approfondissait nullement la discussion concernant le potentiel de risques à cet égard, ni la manière dont les pratiques de prescription ou la surveillance auraient pu être améliorées. Le but de cette lettre était d'assurer à un public inquiet que tout avait été fait pour éviter les abus. Le fabricant du médicament renonça à défendre son produit à tout prix, et choisit plutôt de maintenir une image d'intégrité tout en promettant d'améliorer le contrôle des mécanismes de surveillance existants [1].

Le Dr Joshua M. Sharfstein, commissaire à la santé de Baltimore, se montra pour sa part beaucoup moins déférent dans sa réponse. Dans une lettre à l'éditeur particulièrement acerbe, Sharfstein écrivit que les articles visaient à « cacher le bien considérable déjà apporté à des centaines de milliers de personnes » et ignoraient le fait que ce traitement « sauv[ait] des vies » [2]. Même au risque de donner lieu à des abus et à des détournements, les bénéfices l'emportaient largement – et par comparaison avec la vente illégale et le détournement de la méthadone dans le passé, la buprénorphine étaient relativement inoffensive [3]. Presque au moment même de la publication des articles en question, Sharfstein demandait à l'Assemblée Générale du Maryland de financer le traitement par buprénorphine à hauteur de 5 millions de dollars supplémentaires. Cette demande était justifiée. Quelques mois à peine avant la publication des articles du *Baltimore Sun*, la Maryland State Medical Society (MedChi) publia une étude dans laquelle il apparaissait que le principal obstacle à l'efficacité du traitement n'en était pas l'abus

pathologie (et une menace pour la sécurité publique) qui a résisté aux nombreuses tentatives réalisées jusqu'à présent pour lutter contre elle [...]. »

1. En plus de problèmes de surveillance, Reckitt Benckiser fit état d'incidents tels que des ingestions accidentelles de comprimés par des enfants dans un rapport soumis à la FDA le 8 janvier 2008.

2. « Letters to the Editor : Addiction poses greater dangers », *The Baltimore Sun*, 22 December 2007.

3. H. Joseph, S. Stancliff et J. Langrod, « Methadone Maintenance Treatment (MMT). A Review of Historical and Clinical Issues », *Mount Sinai Journal of Medecine*, vol. 67, n° 5-6, 2000, p. 347-364.

ou le détournement, mais le coût[1]. Pourtant, les articles parus dans le *Baltimore Sun* continuèrent à alimenter les inquiétudes. Quelques jours seulement après que le premier article de la série fut publié, le Sénat de l'État du Maryland commanda une enquête sur les abus de buprénorphine. Le législateur s'inquiétait des potentiels abus de ce médicament, mais craignait tout autant que l'on consacre trop d'impôt à un traitement qui risquait de causer des problèmes[2]. Les allégations selon lesquelles c'était une surveillance insuffisante qui menait aux détournements, ainsi que les supposés cas de ventes illégales, étaient au cœur du débat. Les résultats de l'enquête commanditée par le Sénat deux mois après la parution des articles du *Baltimore Sun* qualifièrent le problème des abus de « sérieux » et de « dangereux », et laissaient entendre que ce problème dérivait pour une large part de « négligences » de la part de la communauté médicale[3].

Qu'il y ait des préventions, en raison des risques d'abus et de détournements de la buprénorphine, ce n'était pas nouveau. C'était même le cas dès le début. En 1978, alors qu'ils examinaient le potentiel de traitement d'un analgésique, le Buprenex®, Donald Jasinski et ses collègues se penchèrent également sur les potentiels abus dont il pouvait faire l'objet[4]. Ils découvrirent que le risque d'abus – tout comme le risque d'effets secondaires négatifs comme la détresse respiratoire – était bien moindre que celui présenté par le traitement existant, à savoir la thérapie agoniste complète des récepteurs μ, la méthadone. La Substance Abuse and Mental

1. The Center for a Healthy Maryland, « Report. Improving Patient Access to Buprenorphine Treatment through Physician Offices in Maryland », juin 2007.

2. « Senators Urge Action to Reduce "Bupe" Abuse, in MD, Lawmakers Vow Probe of State's Spending for Drug », *The Baltimore Sun*, 20 décembre 2007.

3. « Bupe's Misuse on Rise, Report Shows – U.S. Could Exert Controls if Problem Deemed Serious », *The Baltimore Sun*, 3 février 2008 ; « Agency Sat on "Bupe" Study. Officials Waited to Reveal Findings on Misuse of Drug », *The Baltimore Sun*, 12 février 2008.

4. D.R. Jasinski, J.S. Pevnick et J.D. Griffith, « Human Pharmacology and Abuse Potential of the Analgesic Buprenorphine », *Archives of General Psychiatry*, vol. 35, n° 4, 1978, p. 501-516.

Health Administration (SAMHSA) a d'abord eu connaissance de cas « anecdotiques » d'abus et de détournement en décembre 2005, soulignés dans un rapport basé sur les données de la Food and Drug Administration (FDA) dans le cadre de la surveillance après commercialisation mise en place par Reckitt Benckiser Pharmaceuticals – une surveillance après commercialisation qui était en place depuis 2003 [1]. Dans le cadre de sa supervision du projet d'introduction de la buprénorphine, le Dr. H. Westley Clark, directeur du Center for Substance Abuse Treatment – sous l'autorité de la SAMHSA – était déterminé à se focaliser sur les effets thérapeutiques de ce médicament pour le traitement de la consommation et de la dépendance à l'héroïne (considérant l'addiction aux drogues comme un problème de santé publique), plutôt que sur les risques d'abus et de détournement [2]. Le Dr. Charles R. Schuster, un médecin qui avait apporté son témoignage devant le Congrès en 2002 à l'occasion des auditions précédant l'approbation du médicament, et qui fut également directeur du National Institute on Drug Abuse (NIDA) – lequel avait mené des essais cliniques sur la buprénorphine et le médicament combiné avec du Naloxone (Suboxone®) – affirma que seul un très faible pourcentage des consommateurs dépendants aux opiacés traités par ce médicament en avaient abusé ou l'avaient détourné, selon les statistiques nationales [3]. Pourtant, l'inquiétude publique a persisté.

Il y avait ceux qui croyaient que le problème était important, et qu'il concernait en premier lieu les médecins. Le Dr. David Fiellin, un professeur de Harvard qui dirigeait le Physician Clinical Support System, suggéra que le problème des abus et du détournement de la buprénorphine pouvait venir des médecins dont

1. SAMHSA/CSAT, « Diversion and Abuse of Buprenorphine. A Brief Assessment of Emerging Indicators », décembre 2006, http://buprenorphine.samhsa.gov/Buprenorphine_FinalReport_12.6.06.pdf (consulté le 10 septembre 2015).

2. SAMHSA News, « Buprenorphine. Patient Limits Increase », janvier-février 2007.

3. C.R. Schuster, « Conversation with Charles R. Schuster », *Addiction*, vol. 99, n° 6, 2004, p. 667-676.

la pratique violait les règles encadrant le soin [1]. Il poursuivait en disant que la combinaison du manque de surveillance active et des pratiques de sur-prescription des médecins empêchait de savoir si les patient revendaient leurs prescriptions, ou s'ils écrasaient leurs médicaments et se les injectaient à des fins non thérapeutiques. Bien que le nombre de patients que les médecins étaient autorisés à traiter fut limité (actuellement 100 patients par médecin), l'impression que les pratiques de prescription allaient à vau-l'eau s'était installée [2]. Dans l'exposé des grandes lignes de sa stratégie pour réduire le risque d'abus et de détournement, Reckitt Benckiser Pharmaceuticals entendait former les médecins à améliorer leurs pratiques de prescription dans le but de réduire les abus de buprénorphine, et leur faire davantage prendre conscience des risques d'utilisation en voie intraveineuse [3].

Doug Donovan et Fred Schulte, les deux journalistes à l'origine des articles du *Baltimore Sun* de décembre 2007, ont continué à écrire sur les abus de buprénorphine à Baltimore tout au long de l'année 2008. En avril, ils ont fait état de saisies par la police et d'indices suggérant une augmentation des ventes illégales. Ils associaient cette augmentation à une tendance nationale, mais affirmaient que ce qui se passait à Baltimore méritait une attention particulière. Donovan et Schulte décrivaient le contenu d'un document interne du département de police de Baltimore selon lequel le Suboxone® était « largement disponible » au coin des rues, variant en prix de 5$ à 10$ le comprimé. Ce document s'appuyait sur un rapport faisant état de 182 cas de saisies de buprénorphine en 2007, et sur plusieurs anecdotes, dont l'arrestation d'une femme de 31 ans qui détenait deux douzaines de comprimés de Suboxone® et un flacon de

1. D.A. Fiellin et P.G. O'Connor, « New Federal Initiatives to Enhance the Medical Treatment of Opioid Dependence », *Annals of Internal Medicine*, vol. 137, n° 8, 2002, p. 688-692.

2. R.E. Johnson, E.C. Strain et L. Amass, « Review. Buprenorphine, How to Use It Right », *Drug and Alcohol Dependence*, vol. 70, 2003, S59-S77.

3. « Strategies to Control Bupe Abuse Outlined », *The Baltimore Sun*, 23 février 2008.

médicaments dont l'étiquette avait été arrachée, ainsi que l'histoire d'un homme de 53 ans, arrêté en possession d'un « flacon avec une étiquette "effacée" contenant 38 comprimés de Suboxone ® et 302$ en liquide » [1]. Cependant, on ne savait pas bien combien de ces saisies avaient été effectuées sur des individus qui possédaient des prescriptions légales. L'article se terminait par une citation du Dr. Elinore McCance-Katz, présidente de l'American Academy of Addiction Psychiatry :

> Nous devons nous occuper de ce problème de détournement. Si ce médicament se révèle être quelque chose qui peut potentiellement représenter un risque pour le public, nous voulons prendre les devants. En tant que médecins, nous devons prendre tout ceci très au sérieux [2].

LES TECHNOLOGIES DE LA SUSPICION

Il demeure bien des détails troublants concernant les articles du *Baltimore Sun* et les réactions qu'ils ont suscitées. Le Subutex ® et le Suboxone ® (qui sont les médicaments qui sont le plus communément prescrits à Baltimore) ont été, comme on pouvait s'y attendre, impliqués dans les débats. C'est le mot « bupe » (comme on appelle la buprénorphine à Baltimore) qui en est venu à désigner les deux médicaments. Mais alors que ces médicaments sont tous les deux des agonistes partiels du récepteur μ, le Suboxone ® – une combinaison de buprénorphine et de naloxone – est en plus un antagoniste partiel du récepteur μ, ce qui rend son utilisation par les consommateurs d'opiacés ayant longtemps été dépendants quasiment impossible (ou du moins très improbable). Le Dr. Christophe Welsh, de la

1. « Bupe Seizures Rise as Treatment Use Grows », *The Baltimore Sun*, 18 avril 2008.

2. Les citations utilisées dans cet articles sont tirées d'une présentation réalisée à l'occasion d'un workshop du Center for Substance Abuse Treatment (SAMHSA/NIDA, « Buprenorphine in the Treatment of Opioid Addiction. Expanding Access, Enhancing Quality », 21-22 février 2008, Washington, D.C.).

Maryland School of Medecine, a écrit dans une lettre adressée au journal, « *Le Sun* fait ses choux gras d'allégations d'abus – mais aucun vrai toxicomane ne chercherait à se procurer ce médicament pour avoir sa dose »[1]. L'effet plafond du naloxone contenu dans le Suboxone® est tout simplement rédhibitoire. En France, le médicament le plus communément prescrit est le Subutex® et le *Baltimore Sun* le donne comme exemple de médicament conduisant à des abus et des détournements croissants[2]. Mais le traitement de première intention n'est pas le même à Baltimore, et les deux médicaments (Suboxone® et Subutex®) ne donnent (pharmacologiquement) pas lieu au même « potentiel d'abus »[3]. De plus, les preuves avancées dans les articles faisant état d'abus de Subutex® dans les zones urbaines des États-Unis sont presque toutes tirées exclusivement du Worcester, dans le Massachusetts, et non de Baltimore. En dernier lieu, les articles faisaient un lien entre l'épidémie de consommation d'héroïne et le risque d'infection par le virus d'immunodéficience humaine (VIH) en raison de la pratique des injections (ce qui crée une représentation très particulière du type d'abus, et des gens qui abusent). Cependant, ils ne donnent pas un seul exemple d'individu qui aurait réduit ses comprimés en poudre et se les serait injectés, ni même d'injection d'un mélange de médicaments. De plus, les articles ne distinguent nullement les problèmes de l'addiction à l'héroïne et de l'augmentation des abus d'anti-douleurs de prescription comme l'Oxycontin®.

Il n'y a rien de surprenant à ce que ces articles n'aient pas prêté attention à ces détails, qui sont subtils mais néanmoins très

1. « Letters to the Editor. Addiction Poses Greater Dangers », *The Baltimore Sun*, 22 décembre 2007.

2. I. Feroni et A.M. Lovell, « Les dispositifs de régulation publique d'un médicament sensible. Le cas du Subutex®, traitement de substitution aux opiacés », *Revue française des affaires sociales. Cahier de jurisprudence. Emploi-travail*, vol. 61, n° 3, 2007, p. 153-165 ; « Success, Setbacks in France, French Approach to Drug Offers Lessons that U.S. has Largely Overlooked », art. cit.

3. A.M. Lovell, « Addiction Markets », art. cit.

importants. On ne peut guère en demander davantage à des articles de journaux. Ce qui est surprenant, en revanche, c'est que l'on ne trouve nulle part les arguments détaillés qui ont été donnés en réponse à ce que l'on peut pas appeler autrement qu'une condamnation sans appel de la thérapie. Ces articles présentent les choses comme si le traitement de la toxicomanie impliquant l'usage de la buprénorphine n'offrait rien d'autre que de nouvelles possibilités d'abus contre lesquelles il faudrait lutter. Mais dans quelle mesure cette perspective est-elle adéquate ? Où trouve-t-elle son fondement empirique ? Même le Grand Jury de la ville de Baltimore a jugé que les abus et détournements de la buprénorphine représentaient un risque mineur, et que les problèmes associés à la dépendance aux drogues étaient autrement plus importants. Le Jury a considéré que des efforts devaient être réalisés pour augmenter significativement l'offre de traitement dans la ville [1]. Face aux preuves flagrantes qui attestaient des résultats bénéfiques du traitement, le *Baltimore Sun* a pourtant continué d'alimenter les inquiétudes du public. Mais s'il y est parvenu c'est, comme l'ont souligné Joshua Sharfstein et Peter Luongo (le directeur de la Maryland State of Alcohol and Drug Abuse Administration), sans affronter réellement les dilemmes sociaux et économiques bien plus généraux qui sont associés à la mauvaise utilisation des médicaments ; sans citer aucune interview avec quelqu'un dont le problème premier serait l'abus de buprénorphine ; et au seul moyen de citations anonymes. Dans les lettres à l'éditeur qui répondaient à la première série d'articles, Diana Morris, directrice de l'Open Society Institute de Baltimore, insiste sur le fait que le portrait dressé par le *Baltimore Sun* « déforme l'image d'une thérapie prometteuse, sans se préoccuper des coûts sociaux qui sont pourtant si importants » [2].

1. Report of the Grand Jury for Baltimore City, January 7, 2008 through May 2, 2008 ; Baltimore Substance Abuse Systems, Inc., « The Baltimore Buprenorphine Initiative. Second Interim Progress Report ».

2. « Letters to the Editor. Addiction Poses Greater Dangers », art. cit.

LES PROBLÈMES DES AUTRES

Comment le risque d'abus individuel conduit-il à la peur de nouvelles formes, ou de formes renouvelées, de dommages publics? La question ici n'est pas de savoir si les médicaments sont ou ont jamais été utilisés à des fins non thérapeutiques, mais plutôt de *savoir comment on élabore une conception de la thérapie et des médicaments contre la consommation de drogue elle-même*, et comment les catégories de la thérapeutique *licite* recourant aux opioïdes et les usages *illicites*, non thérapeutiques, que l'on peut en faire, entrent en déséquilibre. La représentation que le public se fait du danger à l'échelle privée ne correspond plus à l'évaluation d'un risque comportemental individuel. Elle est désormais l'expression d'un sentiment d'anxiété généralisé, face à la peur d'un potentiel effondrement de la régulation sociale et à la menace d'abus qui échapperaient à toute surveillance, sous prétexte qu'il y avait là une opportunité médicale unique [1]. Le problème anthropologique – du moins ici – n'est pas celui de l'émergence de nouvelles formes de consommation de drogue, mais plutôt celui de la manière dont, dans l'imaginaire collectif, on se représente les personnes toxicomanes qui sont en thérapie, car ces représentations concordent rarement avec l'expérience individuelle [2]. Ce qui est le plus préoccupant dans ce que les médias rapportent sur la « fuite des médicaments » est ce qu'ils révèlent en termes d'incapacité à reconnaître le fait que les individus toxicomanes se trouvant sous traitement de substitution pourraient tout à fait continuer à prendre d'autres opioïdes en même temps. Pour formuler très simplement la question : *la médecine*

1. A.M. Lovell, « Ordonner les risques. L'individuel et le pharmaco-sociatif face à l'injection de drogues », dans J.-P. Dozon et D. Fassin (dir.), *Critique de la santé publique. Une approche anthropologique*, Paris, Balland, 2001.

2. L. Boltanski, *La découverte de la maladie. La diffusion du savoir médical*, Paris, Centre de sociologie européenne, 1968; Ph. Bourgois, « Intimate Apartheid. Ethnic Dimensions of Habitus among Homeless Heroin Injectors », *Ethnography*, vol. 8, n° 1, 2007, p. 7-31. Pour ce qui concerne l'expérience individuelle et familiale dans un contexte différent, voir l'excellent ouvrage de Angela Garcia, *The Pastoral Clinic*, *op. cit.*

peut-elle intégrer l'individu à la fois comme toxicomane et comme patient[1] ?

On doit réaliser un calcul complexe quand on cherche à évaluer les dommages, les risques et les dangers qui sont associés à une nouvelle thérapie – cela inclut les craintes concernant les potentiels détournements, les abus et la possibilité que de nouveaux marchés souterrains, au service de la consommation illicite, apparaissent. Au sein de cette complexité, une question persiste : *que se passe-t-il quand on pense que les patients refusent de suivre une thérapie donnée comme elle devrait l'être ?* Comment la non compliance peut-elle être intégrée au (ou considérée comme s'écartant du) raisonnement clinique ? Comme l'a affirmé Jeremy Greene dans son essai sur la nomenclature de la non compliance (ce qu'il appelle les *infidélités thérapeutiques*), les idées associées à la non compliance ne renvoient pas seulement au fait que les patients font (ou ne font pas) ce que les médecins leur disent de faire ; elles renvoient à des manières de s'accommoder de l'incertitude de la thérapie elle-même[2]. La notion de non compliance suppose que l'on a une idée très claire de la manière et des raisons pour lesquelles les interventions, dans ce cas-ci les intervention pharmacologiques, sont efficaces et de la façon dont il serait approprié de les utiliser – et dont on pourrait en gérer les risques d'abus[3]. Il reste cependant une réalité vivante en dehors du laboratoire et de la clinique, une réalité où les individus font des choix au-delà de ce que vise la médecine – où non seulement les médicaments, mais aussi les formes de raisonnement semblent pouvoir être détournées.

1. D.H. Gandhi, G.J. Kavanagh et J.H. Jaffe, « Young Heroin Users in Baltimore. A Qualitative Study », *American Journal of Drug and Alcohol Abuse*, vol. 32, 2006, p. 177-188 ; C.K. Scott, M.A. Foss et M.L. Dennis, « Pathways in the Replace-Treatment-Recovery Cycle Over 3 Years », *Journal of Substance Abuse Treatment*, vol. 28, 2005, S63-S72 ; Ph. Bourgois et J. Schonberg, *Righteous Dopefiend*, *op. cit.*

2. J.A. Greene, « Therapeutic Infidelities. "Noncompliance" Enters the Medical Literature, 1955-1975 », *Social History of Medicine*, vol. 17, n° 3, 2004, p. 327-343.

3. C. Rosenberg, « Banishing Risk. Continuity and Change in the Moral Management of Disease », dans A. Brandt et P. Rozin (dir.), *Morality and Health. Interdisciplinary Perspectives*, New York, Routledge, 1997.

CEDRIC ET MEGAN

Pendant que je suivais des adolescents à l'intérieur et à l'extérieur du centre, j'ai passé un temps considérable avec un jeune couple, Cedric et Megan. Leur vie (ensemble et individuellement) pendant la période où je les ai connus passait (déviait) de l'intérieur à l'extérieur du centre de traitement et de bien d'autres environnements cliniques (notamment des hospitalisations psychiatriques de courte durée). Au travers de leur histoire, les processus et les logiques d'auto-administration qui lient ensemble les sentiments de sécurité à la fois sociale, corporelle et intime, sont apparus clairement – tout en mettant en évidence les problèmes sociaux et médicaux que pose, sur le plan individuel, le mauvais usage que l'on peut faire des médicaments et les dangers que cela représente.

Cedric et Megan se virent, en fonction des périodes, assigner différentes désignations en tant que patients, et celles-ci étaient fonction des environnements par lesquels ils étaient passés. Ce fut cependant la désignation de personne toxicomane qui avait le plus de sens pour eux. La toxicomanie, pour Cedric comme pour Megan, n'était pas seulement une étiquette, mais quelque chose qu'ils ressentaient de l'intérieur : la toxicomanie était à la fois un mal, une douleur, un plaisir, une habitude corporelle – mais aussi quelque chose dont ils croyaient que cela nécessitait une intervention extérieure.

J'ai suivi Megan et Cedric, qui avaient tous les deux 16 ans au moment où je les ai rencontrés, tout au long de leur traitement dans le centre, ainsi qu'au domicile de la mère de Cedric où ils vivaient tous les deux – ce qui revient au total à une période d'environ 18 mois.

LA RAISON ET LE DÉTOURNEMENT DES MÉDICAMENTS

Je fus surpris par la ressemblance entre la photographie placée en couverture d'un programme de messe (celle des funérailles du frère de Cedric) qui se trouvait près d'un petit bouquet de fleurs en soie, sur la table basse, et Cedric lui-même. Mon regard s'est attardé un peu trop longtemps sur la photographie alors que je m'asseyais dans un énorme canapé à égale distance de Cedric et de Megan, dans le salon de la mère de Cedric. « Ma mère disait qu'on était comme des jumeaux qu'elle aurait eus à deux ans d'intervalle. » J'ai souri, bien que l'image soit troublante – comme le serait un objet venant d'un futur pas si lointain, et qui empièterait sur le présent. Un autre adolescent avait poignardé le frère de Cedric à mort lors d'une dispute au sujet de médicaments volés – des médicaments soi-disant volés par le frère de Cedric (qui était un petit dealer) dans une grosse réserve pour pourvoir à sa propre consommation. Cedric laissait entendre qu'il connaissait le garçon qui avait poignardé son frère, mais sa description manquait de colère véritable et de détermination. « Tu regardes ce que j'ai pas, ou ce que je vais pas… » Il n'alla pas plus loin, comme s'il avait perdu le fil de ses pensées, espérant attirer l'attention sur autre chose. Cedric avait consommé des anti-douleurs de prescription et de l'héroïne (qu'il fumait ou reniflait, tout en insistant sur le fait qu'il ne s'en était jamais injecté en intraveineuses) pendant au moins trois ans, et Megan pendant beaucoup moins longtemps. Cedric était venu au centre de traitement une fois seulement, la fois où je l'avais rencontré. Après une arrestation pour agression, il fut envoyé en traitement plutôt que dans une institution pour jeunes délinquants. Une fois là, il fut l'un des derniers patients à être admis dans un essai clinique pour la thérapie de substitution au moyen du Suboxone®.

À tous égards, son passage au centre fut un succès. Il manifestait des symptômes de sevrage minimes et disait moins ressentir de besoin de consommer durant son séjour. Il était « appliqué » (pour utiliser l'expression de l'un des membre de l'équipe clinique avec lequel j'avais parlé de Cedric). Il continuait (désormais avec Megan, qui était aussi patiente du centre de traitement) à rencontrer l'équipe clinique une fois toutes les deux ou trois semaines pour s'approvisionner en comprimés (des petits comprimés orange à mettre sous la langue), et fréquentait le groupe de thérapie en ambulatoire, lequel fonctionnait plus ou moins sur le modèle en deux étapes des Narcotiques Anonymes, mais adapté aux adolescents et aux jeunes adultes.

Cedric était un adolescent grand et maigre, avec un visage profondément marqué qui avait l'air trop vieux par rapport au reste de son corps. Il a porté pendant des mois les mêmes vêtements d'hiver, vert et jaune, trop grands pour lui, et avec sa carrure frêle, on avait du mal à imaginer son corps flottant dans les vêtements. Son regard était toujours lourd pendant nos conversations, ce que j'ai pris à tort pour de l'ennui pour réaliser seulement plus tard qu'il s'agissait en partie de malaise, et en partie d'épuisement. Cedric était épuisé par les tâches les plus simples. Il ne se décollait que lentement du canapé si sa mère l'appelait depuis une autre pièce. Cedric se comportait vraiment comme un adulte, comme un homme d'âge moyen, même si sa mère l'appelait « bébé » et le chargeait de « corvées » quotidiennes. J'ai résisté à l'envie d'attribuer sa fatigue à un problème médical sous-jacent, et oubliais parfois que la lenteur de ses mouvements était aussi le résultat de l'accumulation permanente de substances dans son corps.

Cedric avait l'air d'avoir énormément changé par rapport à la photographie qui était attachée à son dossier pour l'étude de recherche, prise un an auparavant. Il était désormais plus vieux, plus mince, et ses traits étaient plus accusés. Sur la photographie prise trois jours après son admission (en désintoxication) au centre de traitement, son regard était vague, comme si ses yeux étaient en train d'essayer désespérément de rester concentrés sur quelque chose, n'importe quoi. Ses cheveux sont tressés en partie, et sortent à moitié du cadre de la photographie. C'est peu de temps après son hospitalisation qu'il a rencontré Megan, par un ami commun.

Megan était mince, blonde et fragile en apparence. Elle avait le même air marqué que Cedric, et même si elle passait encore pour une jeune fille, ses mains étaient rêches et couvertes de cicatrices d'anciennes brûlures de cigarette. Elle avait été en traitement plusieurs fois, et avait abandonné à deux reprises dans le seul but d'être réadmise pour l'essai clinique. Finalement, elle abandonna tout, après avoir manifesté une forme de vague paranoïa, disant qu'elle avait été « bourrée de médicaments » par l'équipe de recherche. « Je suis pas un chimpanzé », me dit-elle entre deux longues bouffées de cigarette, tenant son café McDonald avec précaution.

La méfiance de Megan à l'égard de l'équipe du centre de traitement ne l'avait pas empêchée d'essayer de traiter sa propre addiction. Cedric et Megan décrivirent avec beaucoup de détails la manière dont ils géraient leur dépendance aux opiacés : « On diminue juste un peu, on renifle un peu [d'héroïne] et ensuite on prend la pilule de bupe [Suboxone®]. » Megan ajouta : « Parfois, un peu d'OC [Oxycontin®], des fois, tu sais, juste pour équilibrer. » Cedric s'énervait à chaque fois que je voulais parler de leur régime thérapeutique : « C'est comme dans les groupes, tu sais, tu diminues un peu, et un peu plus, et les mauvais jours un peu moins, et puis un jour, tu es guéri. » Ils avaient effectivement diminué les quantités et les proportions au fur et à mesure. Un petit carnet à spirales était là pour en témoigner. « On tient un carnet. »

Le propos de Cedric paraît très ironique, mais c'est précisément ce qui est intéressant. Il s'agissait d'un recueil de données cliniques, renvoyant à un processus de thérapie de substitution étroitement autocontrôlé. Bien entendu, pour ce qui était de l'héroïne, la *stabilité* [la pureté] de chaque dose variait – énormément – et « diminuer » revenait en fait plutôt à s'autoriser de petites augmentations, mais l'idée demeurait la même – un simulacre de raisonnement clinique [1]. Et de plus, pour Cedric et Megan, une image du futur se dessinait, un futur sans dépendance. D'une certaine manière, ce futur n'avait pas le même poids que le moment présent – un futur envisagé sous la figure du succès et de la résistance face au destin qu'avait connu son frère « jumeau ».

Quand je voyais Cedric tout seul, ce qui était rare, il me disait qu'il soupçonnait Megan de prendre de l'héroïne en dehors des moments où ils en prenaient tous les deux. Megan et Cedric sortaient souvent avec Wayne, un ami proche de Cedric qui avait quelques

1. J.F. Epstein et J.C. Gfroerer, « Heroin Abuse in the United States », Office of Applied Studies Substance Abuse and Mental Health Services Administration (1997).

années de plus, et pour lequel Megan avait manifestement de l'affection. Megan faisait un tour avec Wayne jusque chez sa mère pour y prendre des vêtements, parfois de l'argent ou de la nourriture, mais la plupart du temps elle allait y voir ses frères et sœurs cadets. Je n'ai jamais abordé ce sujet, mais j'aurais été curieux de savoir pourquoi Cedric préférait rester chez lui à ces moments-là, plutôt que de les accompagner chez Megan.

« Si on pouvait s'en tenir simplement à la “désintox”, ça irait », me dit Cedric en laissant entendre que ce n'était pas le cas pour Megan. Curieusement, alors que j'allais chercher à manger avec Megan à l'épicerie du coin après une consultation au centre de traitement, celle-ci me dit entretenir les mêmes soupçons à l'égard de Cedric. « Ce connard croit que je sais pas compter », a-t-elle aboyé, faisant référence au nombre de comprimés restant entre les moments où ils en prenaient tous les deux. Une fois seulement, elle a laissé apparaître l'anxiété et la jalousie profondes qu'elle ressentait à l'égard de la relation que Cedric entretenait avec Wayne. Elle m'avait emprunté mon téléphone portable, appelé Cedric, et hurlé : « prends-toi une putain de chambre » dans l'appareil – me le remettant brusquement dans la main, au bord des larmes.

Le « carnet » que Cedric et Megan tenaient était un moyen pour se surveiller l'un l'autre, bien que de manière imparfaite. Ce carnet était *clinique* au sens le plus strict du terme, mais il était aussi *social* et *intime* : un document consignant de multiples relations de fidélité, y compris la *fidélité thérapeutique*, pour renverser la formulation de Jeremy Greene. Mais alors, quels sont les problèmes ? On a ici un cas d'auto-administration, de non compliance, et des formes d'abus de substances, visibles et invisibles. Comment doit-on alors s'y prendre pour vraiment affronter les réalités vécues de la *thérapeutique* ? Ce n'est pas assez de dire que Cedric et Megan reproduisaient le raisonnement thérapeutique, car raisonnement thérapeutique et vie sociale se fondent l'un dans l'autre, et remodèlent la thérapeutique. Les représentations personnelles de la guérison ne s'accordent pas bien avec les pratiques thérapeutiques telles que la clinique les commande (ce fut le cas en particulier dans l'essai clinique auquel ils avaient pris part). Pour le dire (ou le demander) d'une autre manière, quelle est la représentation de la guérison que partageaient Cedric, Megan, et les chercheurs cliniciens qu'ils voyaient régulièrement ? Contrairement à l'hypothèse selon laquelle les adolescents toxicomanes seraient, en un sens, « sans avenir », dans le cas de Cedric et Megan nous avons affaire à un projet personnel et à une image presque surdéterminée d'un futur où il n'y aurait plus de dépendance. Cedric et Megan luttaient activement contre l'idée que la consommation de drogue était un état chronique, qui les poursuivrait toute leur vie, mais ils reconnaissaient aussi les obstacles qui obstruaient la voie de la guérison en se suspectant l'un l'autre. La représentation que l'on se fait communément du cycle du traitement des addictions (périodes de rechute, retour en traitement, rétablissement, incarcération, abstinence en société, et parfois la mort) n'était pas adéquate dans leur cas [1]. Ils s'accrochaient plutôt à quelque chose de particulier : un futur déterminé par leur implication dans la thérapie.

…WAYNE

Quelle que soit la manière dont on pouvait s'y prendre, il était difficile de définir la relation que Wayne entretenait avec Cedric et Megan. Il leur fournissait de la drogue, mais il n'était pas leur revendeur à proprement parler. C'était un ami, mais il restait distant et avait l'air de prendre un certain plaisir à instaurer des tensions dans leur relation à tous les deux. Il semblait être ce qui séparait Cedric et Megan à un moment, et être la personne qui les réunissait à celui d'après. J'ai surpris plus d'une conversation au téléphone, laissant clairement entendre que Wayne était celui qui persuadait

1. Drug Abuse Warning Network (DAWN), « Year Emergency Room Data from the Drug Abuse Warning Network », Substance Abuse and Mental Health Services Administration, Office of Applied Studies, DAWN Series D-18 (2001), DHHS Publication No. (SMA) 01-3532.

soit Megan, soit Cedric, que l'un était amoureux de l'autre. Quand il a fait irruption dans leur vie, Megan venait juste de commencer à prendre des comprimés et de l'héroïne. Wayne a joué un rôle dans leur initiation à la consommation de drogue, et Cedric a passivement suivi la direction qu'il lui indiquait.

Ce n'était pas facile de parler avec Wayne. Il regardait rarement les gens dans les yeux, et quand il entrait dans la conversation, c'était presque toujours pour contredire ou manipuler. Il voulait que je lui donne de l'argent (j'ai refusé à plusieurs reprises), et quand je proposais à Megan et Cedric de les conduire à la clinique ou dans d'autres endroits, soit il essayait de nous suivre, soit il demandait que je l'emmène quelque part, loin (« Emmène-moi à [Washington] D.C., tu veux ? Dis-leur que c'est pour ton travail. »).

La tension que Wayne instaurait entre Cedric et Megan était tout à fait réelle, mais il y avait cependant aussi quelque chose de profondément intime dans leurs relations mutuelles. Wayne pouvait avoir une présence apaisante pour Cedric comme pour Megan quand ils étaient dans son entourage. Ils se soupçonnaient l'un l'autre d'avoir des relations sexuelles avec Wayne. Ce n'était jamais dit comme tel, mais il y avait une histoire au sein de la relation à laquelle je n'ai jamais pu avoir accès, et qui, en quelque sorte, dépassait les limites de ce dont nous pouvions discuter.

Le rôle qu'a joué Wayne dans l'« éducation » à la drogue de Cedric et Megan avait partie liée avec la précision de leur démarche d'auto-administration, d'*auto-thérapeutique*. Il leur donnait continuellement des conseils à tous les deux. Il avait également l'air de savoir des choses sur le centre de traitement, la manière dont fonctionnait la thérapie, et plus important encore peut-être, sur ce qu'il fallait « dire et ne pas dire » quand Cedric allait faire renouveler son ordonnance de buprénorphine et retournait en consultation. La dissimulation et la manipulation de ce que les autres pouvaient voir étaient des stratégies que Wayne utilisait à la fois socialement et institutionnellement. Wayne aidait Cedric et Megan à gérer la fréquence des prises, etc., ce que l'on ne pouvait prendre pour acquis même dans le contexte clinique [1]. Ne pas savoir quels pouvaient être les effets du traitement à long terme, c'était aussi ne pas comprendre quel était le meilleur dosage et la bonne manière de diminuer les doses au fil du temps [2]. À bien des égards, Cedric et Megan géraient l'incertitude du traitement de manière similaire à ce qui se passait dans le processus clinique (essai, observation, modification), bien qu'il y eut bien plus de substances et de circonstances impliquées.

À l'occasion d'une conversation avec Wayne, alors que je l'amenais au garage pour récupérer sa voiture qui était souvent en réparation suite à des accidents, je lui demandais ce qu'il pensait du programme de rétablissement de Cedric et Megan :

> Tu sais, ils essaient quelque chose, donc c'est déjà mieux que la plupart de tous ces cons là autour. Les camés sont des camés. Si c'[Cedric et Megan] étaient des camés, ce seraient déjà des camés. Tu nais avec ça dans les gènes, tu sais ? Un jour, ils iront en putain de cure et ils diront « hé, je suis clean, Allez vous faire foutre ! ».

J'ai aussi interrogé Wayne sur ce qu'il pensait du « carnet » que tenaient Cedric et Megan. Il a ri : « Crois pas à tout ce que tu lis là dedans. »

Lire le journal

Ce que les médias ont dit des abus et des détournements de buprénorphine s'est mué en véritable technologie de la suspicion, une technologie remarquablement efficace de ce point de vue. L'histoire que racontaient les nombreux individus avec lesquels j'ai discuté des articles, et qui avaient soit écrit, soit livré publiquement des commentaires à leur propos, demeurait presque toujours la même. Je m'attendais à davantage de nuances, à davantage

1. L.A. Marsch, W.K. Bickel, G.J. Badger et E.A. Jacobs, « Buprenorphine Treatment for Opioid Dependence. The Relative Efficacy of Daily, Twice and Thrice Weekly Dosing », *Drug and Alcohol Dependence*, vol. 77, 2005, p. 195-204.

2. D.H. Gandhi, J.H. Jaffe, S. McNary, G. Kavanagh, M. Hayes et M. Currens, « Short-Term Outcomes after Brief Ambulatory Opioid Detoxification with Buprenorphine in Young Heroin Users », *Addiction*, vol. 98, 2003, p. 453-462.

d'ambiguïtés, et en un sens, à des propos moins polémiques de part et d'autre. Comme me l'a dit un célèbre spécialiste de la médecine des addictions de Philadelphie (un expert auquel les journalistes référaient comme à une de leurs sources), « les journalistes étaient partis en croisade » et il n'y avait pas grand chose qui aurait pu les empêcher de raconter ce qu'ils voulaient raconter. À cela s'est ajouté le fait que les reportages des médias locaux de Baltimore ont été repris par les médias nationaux, ce qui a encore renforcé et amplifié toute l'affaire.

J'ai gardé ces articles sur moi pendant des semaines après leur publication, espérant pouvoir les montrer aux cliniciens et aux membres de l'équipe du centre de traitement. Je les ai même mentionnés dans mes entretiens téléphoniques avec les professionnels de santé habilités par la SAMHSA à prescrire de la buprénorphine en cabinets de ville. Au centre de traitement, on jugea unanimement que ces articles représentaient une menace – une menace pour le protocole de soin que l'on avait créé avec la nouvelle thérapie, et une remise en question du programme lui-même. Une psychiatre du centre, qui est devenue plus tard une amie et une collaboratrice, fut très directe dans sa réponse : « Ils [les journalistes] n'ont aucune idée de ce dont ils parlent. C'est une bonne fiction, mais c'est faux dans les faits », par quoi elle signalait ce qu'ils avaient d'absurde, tout en reconnaissant simultanément le fort impact qu'ils semblaient avoir. Aussi simple soit-elle, sa réponse fut la plus raisonnable que j'aie entendue. Elle n'avait pas de temps à perdre pour répondre aux histoires de détournements et d'abus que ces articles montaient en épingle. « Nous avons de plus gros problèmes à régler, à savoir, comment faire en sorte que les gamins s'en tiennent au traitement prescrit, et cessent de consommer dans la rue. » Je lui ai demandé si elle avait jamais soupçonné un des adolescents qu'elle suivait de vendre ou d'abuser de la buprénorphine. « Non, je ne demande pas. Je n'ai aucun besoin de le savoir [...] tu peux savoir s'ils ont pris d'autres opiacés, ou s'ils s'en sont tenus aux médicament [...] j'ai toujours les analyses d'urines. »

De multiples formes de suspicion circulent autour de la buprénorphine, et elles sont mises en œuvre par différentes technologies. L'analyse d'urine en est une. Le carnet que Cedric et Megan tenaient était une technologie de suspicion, aussi défectueuse soit-elle, portant sur la consommation de drogue hors du contrat qu'ils avaient passé entre eux. Les tableaux que l'on trouvait à la clinique constituaient une autre technologie, bien que dans ce cas la fidélité soit partie prenante de la médecine clinique et qu'on ne trouve aucune trace des aspects intimes de la relation que Cedric et Megan entretenaient l'un avec l'autre, et avec Wayne. Il n'y a rien d'extraordinaire dans le fait que les patients tiennent un journal intime. Dans les études, souvent, on utilise ces journaux intimes pour saisir des informations sur certains aspects du traitement dont on ne parle pas nécessairement dans la clinique[1]. Le « carnet » que Cedric et Megan tenaient avait cependant quelque chose de différent. Il n'était pas censé être partagé ; il était censé enregistrer quelque chose qui était fragile dans leur relation : une conception partagée de la thérapeutique.

Un petit moment après leur publication, j'ai amené les articles du *Baltimore Sun* chez Cedric, pour savoir ce qu'il en pensait et peut-être pour me plaindre un peu de leur contenu. Cedric les a lus tranquillement, à première vue avec un certain intérêt, puis m'a rendu le petit tas de feuilles : « Je vois très bien des drogués faire ça. Les toxicos sont des débiles et des criminels. » Après m'avoir rendu les feuilles, Cedric a demandé si je voulais venir avec lui à sa prochaine session de thérapie en ambulatoire, et si j'accepterais de l'accompagner chercher sa nouvelle prescription. Sachant qu'il avait l'intention de continuer à « détourner et abuser » du médicament, je

1. Voir G.R. Zanni, « Review. Patient Diaries, Charting the Course », *Consult Pharm*, vol. 22, 2007, p. 472-476, 479-482. L'hypothèse est celle selon laquelle les journaux intimes cliniques fournissent aux patients un moyen d'évaluer leur propre état de santé sans biais ou interprétation clinique. Le « carnet » que Cedric et Megan tenaient ne visait pas, cependant, à signaler les symptômes ou les expériences dont les données strictement cliniques ne rendaient pas compte. Son importance se trouvait hors du document lui-même.

n'ai pas pu m'empêcher de dire un mot sur son incohérence. « Est-ce que tu n'est pas en train de faire exactement ce que condamne l'article ? » Sans hésitation, il a répondu, « non ». S'en tenir à sa prescription de Suboxone® – sous quelle que forme que ce soit – donnait paradoxalement à Cedric et à Megan le sentiment que leur consommation de drogue se faisait sincèrement sous le signe de la thérapeutique. Entre les dilemmes publics et privés, entre les catégories extrêmement poreuses de la consommation de drogue *licite* et *illicite* que les articles semblaient avoir manquées, il n'y avait rien d'ambigu concernant la thérapie pour Cedric et Megan.

Chapitre V

LA QUALITÉ DE PATIENT

Hors de l'espace clinique proprement dit, la qualité de patient peut être assignée et endossée sous différentes formes. Les patients la mettent en jeu dans différents domaines, et cela seul mérite déjà qu'on y réfléchisse : qu'est-ce qui donne forme à la qualité de patient ? Je ne cherche cependant pas, ici, à décrire les différentes (et nombreuses) manières dont les adolescents ont *joué le rôle* de patient en fonction des situations dans lesquelles ils se trouvaient hors du centre de traitement. Sans doute était-il compliqué pour Ty de s'accommoder de son statut de séropositif, de son addiction, de son idée de ce que c'était qu'être une personne, à l'intérieur et à l'extérieur des environnements où on savait bien dans quel état il était. Il s'était pour sa part fait une idée très définitive de qui (ou de ce que) étaient les adolescents toxicomanes, ce qu'il cherchait activement à éviter ou dont il voulait se sortir. Le simple fait de relever le nombre de fois où les adolescents *parlaient* comme des patients lorsqu'ils n'étaient pas directement en traitement m'a frappé comme étant largement surdéterminé. Il me semble plutôt que le fait que ces adolescents se présentaient continuellement comme des objets d'intervention médicale (et y trouvait même parfois un intérêt) renvoie en réalité à une projection d'eux-mêmes, aussi décousue soit-elle, qu'ils partageaient aussi bien entre eux qu'avec les professionnels de santé qui les suivaient.

UNE PHILOSOPHIE DANS ET DE LA MÉDECINE

Le travail médical au centre de traitement n'a pas besoin de commencer par une philosophie *de* la médecine pour remplir ses fonctions. J'ai conscience du fait qu'une telle assertion peut, pour dire le moins, irriter les sensibilités des anthropologues, des historiens, tout comme des médecins. Laissez-moi m'expliquer. J'affirme une telle chose parce qu'il y a déjà de la philosophie *dans* la médecine telle qu'elle est exercée dans la clinique, *dans* ses pratiques, une philosophie qui guide les praticiens comme les patients tout au long du processus de thérapie et de guérison [1]. Que cette philosophie soit clairement exprimée comme telle ou non, il faut reconnaître, pour le meilleur ou pour le pire, qu'elle est déjà là, à l'œuvre, dans le travail médical *en train de se faire*. Comme me le rappelait continuellement un médecin du centre de traitement : « Ici, les médecins *éteignent* les incendies. Nous ne nous contentons pas simplement de *penser* aux incendies. »

Byron Good a montré avec force détails la manière dont les études de médecine visent à enseigner aux futurs praticiens, par l'acquisition de divers styles de discours, de toucher et d'écriture, à se représenter conceptuellement les patients comme des objets sur lesquels on travaille [2]. Les patients sont alors des problèmes à résoudre. Les observations que fait Good au sujet des enjeux de la pédagogie en médecine et de la professionnalisation des sensibilités cliniques sont certes importantes ; cependant dans le cas particulier de la buprénorphine, la distance que l'on instaure entre le praticien et le patient m'apparaît de plus en plus problématique. Il semble y avoir une zone d'ombre, où le processus d'élaboration du raisonnement tel qu'il se constitue entre le médecin et le patient a été obscurci. C'est sans doute dans cette zone d'ombre que se trouvaient Cedric et Megan. Individuellement, le patient peut (et souvent c'est ce qu'il fait) se conformer à des tropes médicaux. Par exemple, médecins et

1. Voir F. Dagognet, *La raison et les remèdes*, *op. cit.*

2. B. Good, *Medicine, Rationality and Experience. An Anthropological Perspective*, Cambridge, Cambridge University Press, 1994.

patients partagent la même confiance en certains termes empruntés à la médecine fondée sur des preuves, ceci afin de donner un sens à la santé et aux troubles *au niveau individuel et subjectif*, et ce, même de la façon la plus terre à terre qui soit. Comme d'autres l'ont observé, dans la médecine fondée sur des preuves contemporaine, le concept de santé se conforme à certaines normes de valeurs qui varient selon les populations [1]. À l'autre extrême – aussi libératrices que puissent être les théories de la santé individuelle (je pense ici au *Gai Savoir* de Nietzsche) – les échanges subtils qui touchent au corps et qui s'effectuent à la fois dans le langage et dans l'action, visent aussi à parvenir à des *concepts* qui permettent de surmonter le fossé apparent qui sépare l'individuel du collectif.

Mark Letteri, dans un essai consacré à la question de la santé dans la pensée de Nietzsche, écrit qu'il n'y a pas de « vouloir la santé tout seul » [2]. Nietzsche souligne à de nombreuses reprises que la maladie est le signe d'une lutte qui est l'essence même de la santé. La valeur de cette lutte (comme celle de la vie elle-même) ne peut être estimée, parce qu'elle est aussi inconnue qu'« autrui » nous est inconnu – parce que cette valeur provient de l'individu [3]. La notion de santé chez Nietzsche provient d'une lutte de l'individu contre la vaste confusion de dynamiques contradictoires. Letteri écrit : « L'idée de pouvoir sans la notion de friction est vide ; par conséquent, [citant Nietzsche] "*la volonté de puissance* [pour la santé] ne peut se manifester qu'au contact de résistances ; elle recherche ce qui

1. Voir G. Danzer, M. Rose, M. Walter et B.F. Klapp, « On the Theory of Individual Health », *Journal of Medical Ethics*, vol. 28, 2002, p. 17-19 ; L. Nordenfelt, « On the Relevance and Importance of the Notion of Disease », *Theoretical Medicine*, vol. 14, 1993, p. 15-26 ; C. Boorse, « On the Distinction between Disease and Illness », *Philosophy and Public Affairs*, vol. 5, n° 1, 1975, p. 49-68 ; C. Boorse, « Health as a Theoretical Concept », *Philosophy of Science*, vol. 44, n° 4, 1977, p. 542-573 ; É. Giroux, *Après Canguilhem. Définir la santé et la maladie*, Paris, P.U.F., 2010.

2. M. Letteri, « The Theme of Health in Nietzsche's Thought », *Man and World*, vol. 23, 1990, p. 405-417.

3. S.H. Podolsky et A.I. Tauber, « Nietzsche's Conception of Health. The Idealization of Struggle », dans B. Babich (dir.), *Nietzsche, Epistemology and Philosophy of Science. Nietzsche and the Sciences II*, London, Kluwer, 1999.

lui résiste". »[1] La résistance est une (*la*) capacité (l'*aptitude*) de l'individu à surmonter la maladie, à en tirer des leçons.

Si la résistance est le point de départ à partir duquel il faut comprendre les mouvements de la maladie et de la santé, où doit-on y trouver le *patient*? Le patient n'est pas seulement une position de sujet, occupée par la personne qui fait l'expérience de la maladie ou du trouble, ni seulement un objet d'intervention médicale. Je dirais plutôt que *le patient est une catégorie de pensée*. Je me suis efforcé de mettre cet argument en balance avec mes engagements anthropologiques, à savoir comprendre comment le patient, en tant que producteur d'une connaissance du trouble (en tant que sujet de recherche) peut simultanément être l'objet de cette recherche quand les médecins réalisent leur travail clinique. En d'autres termes, il est difficile d'identifier à la fois le lieu et le moment où un patient est à la fois sujet et objet, de recherche médicale comme de pratique clinique, et où on ne peut plus séparer cette double position de l'expérience vécue du traitement.

Dans le champ clinique, le rôle du chercheur (suivre les sujets de la recherche) et le rôle du clinicien (traiter les patients) ne sont pas complètement séparés. Ce que j'ai continuellement retrouvé chez les médecins, c'est la capacité d'assumer ce double rôle, de même qu'une capacité à concilier les valeurs, les méthodes et les attentes parfois contradictoires qui caractérisent la situation de quiconque est à la fois un clinicien profondément impliqué dans ce qu'il fait et un chercheur qui se veut impartial. Si l'on prend du recul, il semble exister une différence importante entre l'optique de la clinique et celle de la recherche. Mais, au bout du compte, comme me le confiait un médecin, « cela ne change pas les buts que nous nous fixons dans les soins, ni la façon dont nous voyons [ici, la manière dont nous entendons traiter] les patients ». Au centre de traitement, le « patient » (en tant que sujet de connaissance pour la recherche, et objet d'intervention pour le soin médical) est une

1. M. Letteri, « The Theme of Health in Nietzsche's Thought », art. cit., p. 410; F. Nietzsche, *La volonté de puissance*, trad. fr. H.-A. Baatch et P. Klossowski, dans *Œuvres philosophiques complètes*, XIII, 9 [151], Paris, Gallimard, 1976.

catégorie ambiguë, déterminée par la manière dont les diagnostics sont *faits* et par la manière dont les soins médicaux sont *dispensés*. Cette ambiguïté dérive, en partie, d'un conflit fondamental entre l'expérience individuelle de la thérapeutique et l'accumulation des formes discrètes de preuves (des faits) que l'on met au service de la compréhension et, plus généralement, de la prise en charge des troubles. Pour le dire plus clairement, il y a un conflit entre, d'une part, la santé individuelle, subjective, et, d'autre part, la santé collective, publique (et avec elle, la médecine fondée sur des preuves)[1].

Comme je l'ai affirmé plus haut, quand une infirmière, impliquée dans un projet de recherche, me dit prêter attention aux éléments qui entourent la pratique clinique et l'offre thérapeutique, les indications non-discursives qui concernent l'efficacité de la thérapie (les affects, comportements, tics, le fait de baver, peut-être le fait d'extérioriser ses sentiments et de jeter une chaise à la figure de l'un des membres de l'équipe médicale) deviennent discursives – elles font l'objet de discussion chaque jour dans la salle de garde de l'établissement. « Les questions qui sont posées par notre recherche passent à côté de *tant* de choses. On peut seulement espérer qu'à la fin ça concordera », me dit-elle. Le fait que les *choses* qui entourent la pratique clinique ne puissent pas trouver de place dans le continuum d'une recherche qui est pourtant conduite dans le même environnement (et portant sur les mêmes *sujets*) est révélateur. L'équipe clinique peut seulement « espérer » que les résultats de cette recherche concorderont finalement avec les réalités du traitement et du soin. Mais la manière dont ces « choses » échouent à trouver une grammaire propre au sein du développement de la recherche, ce qui revient à transformer les réalités quotidiennes du soin médical en quelque chose d'abstrait, cela est encore plus révélateur. Dans ce contexte, la « clinique » (c'est-à-dire le traitement comme événement) est quelque chose qui

1. G. Canguilhem, « La santé : concept vulgaire et question philosophique », art. cit.

demeure séparé des objectifs de la recherche scientifique. De telles distances illustrent l'économie de détails qu'exige la recherche scientifique, et que la clinique refuse.

Le patient comme catégorie de pensée

Il y a quelque chose dans l'ombre de l'expérience de la thérapie qui renouvelle le sens de la thérapeutique. Il faut bien distinguer deux choses : d'une part, reconnaître le fait que les valeurs et pratiques en vigueur au sein de l'espace clinique déteignent sur ce qui se fait à l'extérieur ; d'autre part, décider de manière arbitraire qu'une thérapie est terminée, et juger de manière rétrospective qu'elle a été ou non un succès en se fondant sur un certain nombre de critères cliniques. Une question importante demeure pourtant sans réponse : qu'est-ce que représenter la qualité de patient veut dire ? Je ne vise pas ici à esquisser une sorte de théorie générale de ce qu'*est* ou *n'est pas* un patient (ou de qui est un patient et qui ne l'est pas) – une telle tentative serait parfaitement vaine. Je veux plutôt me pencher sur la manière dont la catégorie de patient est investie et vécue, tout particulièrement à une époque où (au moins en Amérique) « être un patient » ne garantit pas toujours que l'on va bénéficier d'une intervention médicale – une époque où les diagnostics non seulement guident le traitement, mais le rendent aussi possible. Comment se fait-il qu'au travers de la catégorie de patient, les sens de la maladie et de la santé (même au niveau économique et politique) soient constamment remodelés ? Quand de jeunes gens se retrouvent en centre de désintoxication, il ne leur est pas difficile d'endosser le rôle du toxicomane-en-tant-que-patient. « Ils se fondent dans le milieu », me disait un clinicien. À de nombreuses reprises, j'ai été le témoin de la manière dont la catégorie d'adolescent toxicomane était investie (par les adolescents eux-mêmes) et refaçonnée (par les adolescents, les parents, les cliniciens et aussi par les médias). À première vue, le rôle de toxicomane était quelque chose que les adolescents *jouaient* et *interprétaient* au centre de traitement, comme dans une *mise en scène*. C'est seulement au travers d'interactions prolongées avec ces adolescents que le rôle (et l'idée de « jouer un rôle ») a lentement laissé place à quelque chose d'imprévisible, quelque chose de plus compliqué et, en dernière instance, de plus révélateur concernant l'expérience du traitement contre la toxicomanie, et du même coup, l'expérience de la qualité de patient. Mais on continuait à se cramponner à la désignation du toxicomane-en-tant-que-patient dans les thérapies de groupe, dans le traitement individuel et dans les interactions informelles entre l'équipe médicale et les résidents. Cette désignation était également intégrée à la vie quotidienne au centre de traitement[1].

« Le toxicomane » n'était pas la seule catégorie renvoyant à la qualité de patient au centre. D'autres désignations lui disputaient la primauté : les diagnostics psychiatriques s'opposaient souvent aux diagnostics de toxicomanie, et vice versa. La distinction entre « être fou » et « être toxicomane » relevait d'une stratégie à laquelle médecins et infirmiers avaient recours pour assurer le financement du séjour d'un adolescent au centre de traitement. Les adolescents adoptaient eux aussi ce type de désignations (qui est autant administratif que clinique) pour définir leurs « troubles » pendant toute la durée du traitement[2]. Au cours des nombreuses heures de discussion que j'ai eues avec l'un des infirmiers en charge des admissions, un homme blanc d'âge moyen qui avait travaillé des années au poste épuisant de coordinateur des admissions, celui-ci finit par me dire très franchement ce que signifiaient les diagnostics :

> On ne tombe jamais très loin de la vérité quand on jette un résultat du DSM-IV (Diagnostic and Statistical Manual of Mental Disorders) sur le papier. Mais pour Blue Cross/Blue Shield [une assurance santé commune aux États-Unis], ou pour d'autres assureurs, c'est

1. Robert Desjarlais offre une analyse détaillée des routines quotidiennes d'un refuge pour sans-abris, et de la manière dont ces routines en viennent à façonner la subjectivité de ceux qui y résident, dans *Shelter Blues. Sanity and Selfhood among the Homeless*, Philadelphia, University of Pennsylvania Press, 1997.

2. Voir Ph. Bourgois et J. Schonberg, *Righteous Dopefiend*, *op. cit.* ; G. Le Blanc, *Les maladies de l'homme normal*, Paris, Vrin, 2007 et *L'invisibilité sociale*, Paris, P.U.F., 2009.

> très sérieux. C'est un jeu qui consiste à deviner ce qu'ils veulent et à le leur donner. À la fin, tous les jeunes obtiennent le traitement dont ils ont besoin, plus ou moins. Il n'y a pas un jeune ici qui ne souffre pas des deux [présentant des comorbidités psychiatriques et de toxicomanie].

La hiérarchie des diagnostics avait une importance capitale. Un adolescent psychologiquement perturbé utilisait-il des substances illicites pour *se soigner* et surmonter ses troubles ? Devait-il être « orienté » vers un hôpital psychiatrique, plutôt que d'être admis dans un centre de traitement contre la toxicomanie ? Si oui, y avait-il un risque qu'on lui refuse le traitement à l'hôpital psychiatrique également ? Le langage qu'utilisaient les infirmiers était d'une importance extrême quand ils devaient dire de quoi un patient « avait l'air ». Et pourtant, quelle que soit la gravité du cas – quel que soit le diagnostic – l'argument de la « nécessité médicale » ne suffisait souvent pas à forcer les limites du système des assurances santé publiques ou privées, et le dossier des adolescents était refusé.

Les diagnostics n'étaient pas sans conséquences – ils n'étaient pas non plus arbitraires ou cachés. Ils étaient connus, interprétés, et utilisés de différentes manières par les parents, l'équipe médicale, et les autres adolescents sous traitement. Les adolescents récemment admis s'asseyaient sur une chaise dans la salle d'attente du petit bureau des entrées au premier étage, parfois pour des heures, même quand ils souffraient des effets du manque, attendant que l'on négocie au téléphone leur séjour au centre de traitement avec les assureurs privés ou les administrateurs de l'assistance publique. C'est dans cette salle d'attente que j'ai rencontré Jeff pour la première fois, alors qu'il était en train de se dissoudre devant mes yeux, dans une mare de sueur, à cause du manque. Il s'efforçait de se tenir stoïquement assis sur une chaise. Ce n'est que des heures plus tard, après une succession de moments d'assoupissement et de crises de tremblements, qu'il fut finalement admis en désintoxication. Ce qui se manifestait avec évidence *dans sa chair*, l'infirmier le traduisait et le rapportait méticuleusement par des mots à l'employé des assurances qui était à l'autre bout du fil. Cela ne revient pas à affirmer que les stratégies diagnostiques employées par les infirmiers consistent à décrire des troubles fictifs afin de créer des opportunités de traitement. Il serait plus juste de dire que ce processus de désignation (et, en un sens, de dissimulation) du trouble révèle la porosité des frontières qui existent entre une symptomatologie discrète (la manière dont les choses sont ressenties et vues) et sa signification (la manière dont ces choses sont décrites et les valeurs qu'on leur attribue)[1].

La définition de « patient » peut avoir l'air d'être bien fixée à première vue : quelqu'un qui souffre d'une affection quelconque, connue ou inconnue – quelqu'un qui tombe malade et qui cherche à revenir à un état antérieur[2]. Mais l'évidence première de cette définition (le retour à un état antérieur) peut-être remise en cause dès qu'on la confronte avec les réalités vécues du soin, de la guérison et de la connaissance de soi. Le patient est un sujet qui navigue entre l'individuel et le social, quand il est considéré à la fois comme malade et en bonne santé. De surcroît, la catégorie de patient apparaît comme un espace normatif entre la maladie et la santé ; le patient est la terre sur laquelle se jouent les sens de la guérison et de l'intervention. Mais si le patient – à la fois objet sur lequel on peut travailler et sujet de la maladie – est une terre, c'est une *terra incognita*. Dans sa description de la maladie, comprise au travers de la réorientation de la clinique vers le corps, Foucault écrit :

> Vue de la mort, la maladie a une terre, une repérable patrie, un lieu souterrain mais solide, où se nouent ses parentés et ses conséquences ; les valeurs locales définissent ses formes. À partir du cadavre on la perçoit paradoxalement vivre. D'une vie qui n'est

1. Ce point est une variation de ce qu'Allan Young présente comme l'avénement de modes spécifiques de diagnotics en lien avec les troubles de stress post-traumatiques (TSPT) dans *The Harmony of Illusions*, *op. cit.*

2. Voir le long développement que Canguilhem consacre à l'homme malade dans *Le normal et le pathologique*, en particulier dans le chapitre intitulé « Maladie, guérison, santé » ; voir également la discussion des travaux de Canguilhem par Guillaume Le Blanc dans *Les maladies de l'homme normal*, *op. cit.*

plus celle des vieilles sympathies ni des lois combinatoires des complications, mais qui a ses figures et ses lois propres [1].

Le lieu singulier et sûr où s'installe la maladie est une cohabitation *avec* et *à l'intérieur* du corps vivant. Cette reformulation n'affecte en rien la force de l'observation de Foucault : elle en change les termes. Il faut pourtant reconnaître que la terre sur laquelle on rencontre la « maladie » et le « corps » malade à l'intérieur de la clinique (et peut-être encore plus spécifiquement hors de la clinique) est peut-être un territoire plus complexe (moins *cartographiable*) que Foucault ne le laisse entendre. Quelles sont les affinités qui structurent le corps vivant ? Ou, comme le demande Arthur Frank, qu'est-ce qui autorise la médecine à revendiquer le corps vivant comme son territoire [2] ? Le patient fait bien plus que fournir des informations sur son corps souffrant ; le patient fait bien plus qu'agir, de manière parfois paradoxale, en opérateur de la désarticulation de sa propre géographie corporelle. Il n'en reste pas moins que la construction de la relation entre le patient et sa maladie s'est progressivement imposée et naturalisée dans le cadre de la biomédecine. Dans un court essai intitulé « Les maladies », Canguilhem écrit :

> Cependant, la relation malade-maladie ne peut pas être de complète discordance. Dans les sociétés contemporaines où la médecine s'est efforcée de devenir une science des maladies, la vulgarisation du savoir d'une part, les institutions de santé publique d'autre part, font que, dans la plupart des cas, vivre sa maladie pour un malade, c'est aussi en parler ou en entendre parler d'après des clichés ou des stéréotypes, c'est-à-dire valoriser implicitement les retombée d'un savoir dont les progrès sont en partie dus à la mise entre parenthèses du malade en tant qu'élu de la sollicitude médicale [3].

1. M. Foucault, *Naissance de la clinique*, *op. cit.*, p. 149.

2. A. Frank, *At the Will of the Body. Reflections on Illness*, Boston, Houghton Mifflin Company, 1991, p. 58.

3. G. Canguilhem, « Les Maladies », dans *Écrits sur la médecine*, *op. cit.* ; l'article a originellement paru dans *Encyclopédie philosophique universelle. Volume I. L'univers philosophique*, sous la direction d'André Jacob, Paris, P.U.F., 1989, p. 1233-1236. En terme d'organisation de la médecine contemporaine, voir M. Foucault, « La naissance de la médecine sociale », art. cit., p. 207-228.

Le processus de « mise entre parenthèses » du patient ne vise pas à une plus grande précision descriptive, pas plus qu'il n'est une tentative pour attribuer des caractéristiques nécessaires au patient comme sujet *per se* ; il s'agit plutôt d'une façon d'introduire la distinction entre le normal et le pathologique [1]. Sur ce point au moins, les choses sont claires. Mais il s'agit aussi de mettre des mots – « en parlant et en écoutant une parole » – sur l'expérience. Mettre des mots sur l'expérience, sur la maladie, sur la douleur, lui arracher sa prose, c'est précisément la chose qui permet au langage de la relation entre le patient et sa maladie de s'assécher [2]. Même dans des récits où le mot et le corps sont si proches (et pourtant si distants) – là où l'expérience et l'expression sont produites de l'intérieur – subsiste le spectre de l'échec quand on tente de « représenter » la maladie [3].

Pour le dire très simplement, la rencontre médicale est toujours (et au moins) une rencontre à double sens, deux événements médicaux qui ensemble produisent et façonnent du sens [4]. Pour autant, l'expérience corporelle et l'imagination médicale ne sont pas simplement des points de vue différents [5]. Ce qui nous apparaît comme des points de vue différents, ce sont en fait des lieux qui renvoient à des concepts qui s'opposent, rendant visible (audible) la manière dont de tels concepts sont énoncés, concepts qui par là-même trouvent un écho les uns dans les autres. Canguilhem notait que l'homme malade ne pouvait absolument pas recourir aux concepts ordinaires, qu'« il est impossible au médecin de comprendre l'expérience vécue par le malade à partir des récits des

1. G. Canguilhem, « Les Maladies », art. cit.

2. Voir V. Woolf, *De la maladie*, *op. cit.*

3. L'étude la plus complète (et la plus ardue) sur ce point et celle de Jean-Luc Nancy dans *L'Intrus* (Paris, Galilée, 2000). Voir également mon article (avec Stefanos Geroulanos) « A Graft, Physiological and Philosophical. Jean-Luc Nancy's *L'Intrus* », *Parallax*, numéro special sous la direction de H. Caygill et A. Benjamin.

4. R. Porter, « The Patient's View. Doing Medical History from Below », *Theory and Society*, vol. 4, 1985, p. 175-198.

5. S. Kuriyama, *The Expressiveness of the Body and the Divergence of Greek and Chinese Medicine*, New York, Zone Books, 2002, p. 9.

malades. Car ce que les malades expriment dans les concepts usuels, ce n'est pas directement leur expérience, mais leur interprétation d'une expérience pour laquelle ils sont dépourvus de concepts adéquats. »[1] Des concepts inadéquats : tel est le fondement même à partir duquel il faut exprimer l'expérience corporelle de la maladie.

Dans le cadre clinique, la précision diagnostique et conceptuelle remplace l'incertitude – et pourtant l'incertitude est bien cette chose qui est transmise au travers de la limite infime qui sépare la *santé* de la *maladie*, cette chose même qui est transmise entre la médecine et son objet. Où se situe alors le terrain sur lequel s'opère cette transmission entre la médecine et le corps ? La question que je soulève est celle de savoir ce que cela signifie que de vivre avec (et de traverser) la maladie, et celle de savoir comment la vie en vient à être médiatisée par l'intervention médicale. Pour emprunter une formule de Veena Das, l'expérience de la maladie condense et fait s'effondrer tout un réseau de significations, permettant l'expression d'un certain mode de vie que le fait d'être malade menace de faire disparaître[2]. Cependant, même si Das parle de « condensation et [d'] effondrement » de la signification, le problème avec les adolescents traités pour toxicomanie reste de savoir comment exprimer, sur le mode du récit ethnographique, ce mode de vie que la maladie refaçonne, en allant au-delà des termes offerts par la clinique, sans toutefois en nier la portée. Ici, la tentative (et je prends le mot « *tentative* » au sens le plus strict, c'est-à-dire moins comme une affirmation que comme une mise au défi) est celle de proposer une illustration des différents registres par lesquels les diagnostics et le travail médical produisent des (et donnent sens aux) réalités sociales et individuelles, au-delà de ce l'on tient pour un savoir médical d'une parfaite neutralité[3].

1. G. Canguilhem, « Les Maladies », art. cit., p. 115.

2. V. Das, « Sufferings, Theodicies, Disciplinary Practices, Appropriations », *International Social Science Journal/UNESCO*, décembre 1997, p. 563-572.

3. L. Boltanski, *La découverte de la maladie*, *op. cit.*

UN RAPIDE COMPTE-RENDU

Il est impossible de rendre compte de toutes les voies, directes et indirectes, que peut emprunter le traitement, à la fois à l'intérieur et à l'extérieur du champ clinique. Se concentrer sur l'individu n'est pas simplement le résultat d'une stratégie méthodologique ou d'une convention ethnographique. Un cas donné n'est pas censé pouvoir être ramené à un autre aussi facilement. Quand on porte l'attention sur l'individu, on ne fait que révéler une multiplicité qui se trouvait déjà, de manière sous-jacente, en jeu dans les catégories diagnostiques. Merleau-Ponty avait identifié ce type de compréhension de l'individu dans les travaux de Kurt Goldstein : « Au lieu de considérer le même symptôme chez de nombreux sujets différents, il s'efforce d'analyser complètement un sujet unique, en essayant d'explorer tous les aspects de son comportement. »[1] Je pense que se plonger dans les vies de jeunes hommes et de jeunes femmes à partir du *lieu* qui les définit comme patients – là où les diagnostics sont posés et endossés – permet d'*aller droit au cœur* de l'expérience individuelle de ce que c'est que d'être un patient. L'espace de la clinique, son *milieu*, ajouté à ce qui relève de la *clinique* (comme perspective analytique), contribuent ensemble à façonner *l'expérience* d'une catégorie diagnostique. Dans le même ordre d'idées, on ne saurait ignorer *L'Individu et sa genèse physico-biologique* de Gilbert Simondon, où la distinction entre individualité et singularité est clairement établie. Dans l'œuvre de Simondon, l'individu n'est pas nécessairement un donné, mais il est en un sens *naturalisé* (dans les cas particuliers que je décris, il est *naturalisé* sous la forme d'un sujet médical par l'intermédiaire des diagnostics et de l'intervention thérapeutique)[2].

1. M. Merleau-Ponty, « La conscience et l'acquisition du langage », dans *Maurice Merleau-Ponty à la Sorbonne. Résumé de cours 1949-1952*, Grenoble, Éditions Cynara, 1988.

2. G. Simondon, *L'individu et sa genèse physico-biologique*, Paris, P.U.F., 1964 ; rééd. Grenoble, J. Millon, 1995.

Le patient n'est pas seulement un objet de connaissance médicale ou le sujet du trouble, mais une catégorie de pensée qui est l'objet d'un débat au sein même de la médecine et de la thérapeutique, à l'intérieur et à l'extérieur de la clinique. Qu'on la tire de données ethnographiques ou d'un dossier médical, toute représentation qui prend la « réussite » ou l'« échec » pour point de départ court le danger de mener à une représentation cohérente, à laquelle s'oppose, dans les faits, l'expérience de toute thérapie. Quand on affirme qu'une thérapie est efficace et effective – ou que l'on parle en ces termes du processus thérapeutique, plus généralement –, on doit être attentif, au sens le plus strict, à *ce qui est vu, à ce qui est dit ou dont on peut attester*, *et à ce qui est vécu.*

CHAPITRE VI

DISPARITIONS

La disparition des sujets, dans le cadre d'une ethnographie de l'addiction, ne constitue pas une clôture ou un point d'arrêt pour la rencontre ethnographique. Elle soulève au contraire des questions très délicates concernant les enjeux et les valeurs inhérents à l'étude anthropologique – peut-être est-ce même tout particulièrement le cas quand cette étude se penche sur le trouble et la souffrance. Deux des adolescents que j'ai suivis sont morts, et j'en ai perdu un troisième de vue dans le dédale des institutions médicales et judiciaires de Baltimore. Plutôt que de considérer la mort et la disparition comme autant de tropes permettant d'instituer et de structurer un sens dans la vie de ces adolescents, je propose dans ce chapitre la thèse selon laquelle l'addiction et le traitement – ainsi que ce qui vient après – nous contraignent à adopter une définition plus large de ce qu'est le souci de soi comme technologie de vie ; une définition qui reconnaît que les conditions d'*une vie* doivent intégrer les réalités vécues des univers moraux locaux, et aussi, parfois, contraindre strictement la capacité d'agir individuelle.

DISPARITIONS

Je souhaite me confronter aux *problèmes* que pose, et aux *réalités* que recouvre, la disparition dans le cadre d'une ethnographie de l'addiction. Dans les institutions médicales ainsi que dans les autres environnements dans lesquels j'ai suivi des adolescents traités pour toxicomanie, mes interactions ont été épisodiques et prenaient souvent un tour imprévisible. Il n'était pas rare qu'il s'écoule un ou deux mois entre les moments où je revoyais les jeunes garçons et jeunes filles que j'essayais de suivre. Pour moi, ces périodes intermédiaires étaient, il faut bien le reconnaître, passablement angoissantes. Je n'avais aucune garantie que je les reverrais ou pourrais leur reparler un jour. Chaque interaction, qu'il s'agisse d'une conversation dans un salon, ou d'un repas partagé à la cafétéria du centre de soin, avait l'air d'être la dernière.

La disparition est un *problème* pour une ethnographie des adolescents toxicomanes, non pas tant parce qu'elle dissipe l'illusion d'une continuité de la rencontre ethnographique, que parce qu'elle met sur le devant de la scène un ensemble d'indéterminations concernant les valeurs et les affirmations que partagent le travail anthropologique et le travail clinique, ce qui rend impossible ce qui serait, sinon, le simple récit d'une addiction, d'une guérison et bien souvent, d'une rechute.

La disparition est une *réalité* parce qu'elle reflète un certain nombres de conditions et de circonstances propres à la vie individuelle auxquelles l'écriture anthropologique doit porter attention. Je pense en particulier à la formule d'Arthur Kleinman : « écrire dans les marges », qui non seulement renvoie à des engagements disciplinaires qui se recouvrent, mais aide également à situer quelque chose qui se trouve presque aux limites de l'expérience, et devient néanmoins central pour l'écriture anthropologique elle-même [1].

VIE ET PENSÉE

Les catégories de « technologies du soi » ou de « souci de soi » ont fourni à l'anthropologie – depuis un certain temps maintenant – l'espace suffisant pour s'extraire des cadres précédents de l'individualité ou de la personnalité. Les anthropologues ont contesté les conceptions psychologisantes du soi, en montrant combien

1. A. Kleinman, *Writings at the Margin. Discourse between Anthropology and Medicine*, Berkeley, University of California Press, 1995.

l'extériorité morale et historique pénètrent profondément au sein même de l'individu[1]; ils ont alors eu recours à des manières plus nuancées de rendre compte de la subjectivité, mais qui demeurent néanmoins « traversées par des forces structurales, des sensibilités culturelles, des vicissitudes subjectives, des tensions politiques, des forces pragmatiques et des projections rhétoriques »[2]. Ainsi en va-t-il de l'expérience individuelle de la thérapie quand on la comprend dans les termes proposés par Michel Foucault, c'est-à-dire comme la formation de la subjectivité par l'individu en tant que conditions du souci de soi[3]. Cependant, la notion d'individu (de sujet, de personne, de soi) – comme objet d'étude – exige d'être éclaircie. Il y a une différence entre « l'individu », pris comme catégorie générale, et le « sujet individué » au singulier (un quelqu'un) – ce dont on trouve la meilleure description dans les travaux de Gilles Deleuze et Gilbert Simondon. Parler de l'expérience de la thérapeutique comme d'un « souci de soi », c'est parler du sujet individué[4]. Cependant, tout comme le sujet (médical) tombe sous différentes catégories, la *vie* tombe également sous différentes catégories. Que signifie être un être humain, ou plus spécifiquement, faire des affirmations *en tant que* vivant? Parler de la valeur et de l'intérêt de la *vie*, c'est parler de la valeur d'*une vie*[5].

D'après l'introduction de la petite thèse de Georges Canguilhem, *La connaissance de la vie*, la pensée et le vivant ne sont pas des choses séparées ni contradictoires; elles reposent au contraire l'une sur l'autre – rien dans la vie n'est absent de, ou n'est défait par, la pensée[6]. Cependant, comme François Dagognet[7] et Georges

1. A. Pandian, « Interior Horizons. An Ethical Space of Selfhood in South India », *The Journal of the Royal Anthropological Institute*, vol. 16, 2010, p. 64-83.

2. R. Desjarlais, *Shelter Blues*, *op. cit.*, p. 248.

3. M. Foucault, *Le souci de soi*, *op. cit.*

4. G. Le Blanc, *Les maladies de l'homme normal*, *op. cit.*

5. G. Deleuze, « L'immanence : une vie », *Philosophie*, vol. 47, 1995, p. 3-7.

6. Voir mon introduction, « Life, as Such » (avec Paola Marrati), à *Knowledge of Life* (*La connaissance de la vie*) de Georges Canguilhem, traduit par Stefanos Geroulanos et Daniela Ginsberg (New York, Fordham University Press, 2008).

7. F. Dagognet, *La raison et les remèdes*, *op. cit.*

Canguilhem [1] l'ont tous les deux montré, il y a une distinction implicite entre la pensée et le vivant (entre la connaissance et la vie) dans la recherche scientifique, la thérapeutique et la médecine clinique. La vie est un objet que l'on examine de l'extérieur. Mais si nous tournons notre attention vers le « sujet parlant » (même quand ce sujet est constitué comme tel par des techniques de confession et de dissimulation, comme le soutient Foucault), nous découvrons que les adolescents sous pharmacothérapie adoptent une manière d'être alternative. La *vie* et la *pensée* incluraient alors une forme de transformation au cours du temps, et l'*expérience* de la thérapie irait au-delà d'un simple déroulement conforme à l'*idée* de thérapeutique.

La connaissance que l'on tire de l'étude du traitement n'est pas distincte de son expérience vécue (ce qui n'exige pas nécessairement que l'on recoure au langage de l'incorporation). Ainsi, la séparation entre, d'une part, les philosophies de l'*expérience*, du *sujet*, et d'autre part les philosophies du *concept*, de la *connaissance* et de la *rationalité*, pourrait être moins tranchée que ne le suggère Foucault dans son célèbre essai sur l'œuvre de Georges Canguilhem, « La vie : l'expérience et la science » [2]. L'expérience soi-disant authentique (vivre) n'est pas évaluée par confrontation avec la rationalité (la pensée portant sur le vivant). La transformation de la pensée *portant sur* la vie n'annihile pas l'expérience du vivant. Il serait plus juste de dire qu'elle remet en question l'affirmation de l'expérience, en l'occurrence, l'expérience dont l'addiction et la thérapeutique sont prédiquées [3]. Si le succès de la thérapeutique ne peut être évalué que sur le registre individuel, alors la valeur de la vie devient synonyme des valeurs *que l'on attribue* à la santé individuelle [4].

Je n'affirme pas que le souci de soi, ou plus particulièrement, la manière dont les adolescents se prennent eux-mêmes en charge

1. G. Canguilhem, *La connaissance de la vie*, Paris, Vrin, 1985.

2. M. Foucault, « La vie : l'expérience et la science », *Revue de métaphysique et de morale*, vol. 90, 1985, p. 3-14.

3. Voir M. Foucault, *Le souci de soi*, *op. cit.*, chapitre IV, « Le corps ».

4. Voir l'article de G. Canguilhem, « La santé : concept vulgaire et question philosophique », art. cit.

dans le processus thérapeutique, constituent un genre de modèle de l'expérience de l'addiction. La création de valeurs (de la guérison, du combat contre la toxicomanie, du « y arriver » et du « ne pas y arriver ») est une valeur individuelle qui a la capacité d'aller à contre-courant de ce vers quoi on imaginait que les interventions thérapeutiques conduisaient. Néanmoins, la valeur clinique qu'il y a à être (et à demeurer) sous traitement s'ajoute rapidement aux valeurs que les adolescents sous traitement (ainsi que leur famille) attachent à la thérapie. Dans certains cas, c'est quelque chose qu'il est facile d'observer. Toute la difficulté est d'éviter d'insérer grossièrement, et à tort, une *agentivité* dans le récit de la dépendance et du traitement. Voilà qui est peut-être particulièrement difficile quand le récit de la maladie devient la source de toute connaissance. En vertu des conventions de l'écriture anthropologique, le sujet parlant raconte une histoire, quelque chose qui attire l'attention sur des détails qui dérangent, et pose des questions intrigantes concernant la *vérité*, *l'aptitude à être cru* et *l'intention de dire ce qui est dit en effet* – sachant, depuis le départ, que confession et dissimulation ne sont pas seulement des processus d'intersubjectivité, mais constituent aussi les fondements du souci de soi [1]. Le désir de continuité au sein du récit ethnographique ne porte pas tant sur le fait de faire *sens* que sur celui de donner un *sens* aux choses.

DANS LE REPLI INSTITUTIONNEL

J'en suis venu à connaître Keisha en raison des nombreux séjours qu'elle a effectués au centre de traitement. Voilà bien quelqu'un qui avait eu des difficultés à concilier vie de famille et vie institutionnelle. J'avais été présenté à Keisha et à sa mère par le coordonnateur du service de consultations externes, un homme petit et très nerveux, qui avait toujours l'air de ne penser qu'à sa prochaine

1. Voir par exemple la discussion entre Cavell et Austin proposée par Sandra Laugier dans « Rethinking the Ordinary. Austin after Cavell », dans R.B. Goodman (dir.), *Contending with Stanley Cavell*, New York, Oxford University Press, 2005, p. 82-99, et *Wittgenstein. Les sens de l'usage*, Paris, Vrin, 2009.

pause-cigarette. Il connaissant déjà la mère de Keisha parce qu'elle avait elle-même été traitée pour toxicomanie (à l'héroïne) au centre, quinze ans plus tôt, quand elle avait seize ans. Il m'a dit, après ma première rencontre avec Keisha : « ça me donne l'impression d'être comme un arbre, vous voyez? Vous pourriez me scier au milieu du tronc, et compter les cernes. Et vous pourriez repérer chacune des générations de filles qui viennent ici. Mère, fille… Qui sait, peut-être qu'un jour je trouverai la fille de Keisha ici même. [Rires] Qui sait ? »

La rencontre entre la mère de Keisha et le coordinateur du service de consultations externes fut étonnamment joyeuse, bien qu'elle se soit tenue sous le regard irrité de la première concernée. Durant les mois d'entretiens qui suivraient, Keisha décrirait l'entrelacement des rôles qu'elle entretenait avec sa mère (« mère », « fille », « soignante », « amie », « rivale sexuelle », « représentante de l'autorité ») comme quelque chose de bien plus compliqué qu'une simple histoire de transmission héréditaire, d'une génération à l'autre, de la toxicomanie [1]. Keisha me dit qu'elle se voyait elle-même comme « une mère pour sa propre mère », et parfois elle s'occupait de ses jeunes frères et sœurs et gérait toute la maison. « Ma mère en prend [de la drogue]. Je vais pas mentir. Elle le fait là, à la maison. Et moi, je suis là : "Dégage de là où je te fous dehors." Et alors elle s'en va, avec son mec ou n'importe qui, pendant des jours. Qu'est-ce que je suis censée faire? Il faut que je m'occupe de tout. »

Il y a des formes très distinctes de vie de famille et de parenté établies autour de la consommation de drogue ; mais on est très loin de l'idée que la consommation de drogue constituerait une forme

1. Le travail de Pamela Reynolds concernant la manière dont le conflit politique en Afrique du Sud, a fait exploser l'unité des familles et empêché les relations de se nouer, afin seulement de les remodeler et de les réformer, a été extrêmement précieux pour l'élaboration de ma pensée. Voir P. Reynolds, « The Ground of All Making. State Violence, the Family and Political Activists », dans V. Das, A. Kleinman, M. Ramphele et P. Reynolds (dir.), *Violence and Subjectivity*, Berkeley, University of California Press, 1997, p. 141-170.

d'intimité au sein de la famille [1]. La drogue avait rendu les relations familiales de Keisha très tendues, et menacé ce qu'elle concevait comme son « chez soi ». Keisha et sa mère avaient l'air de se battre pour maintenir une sorte d'équilibre dans la prise de substances, se faisant concurrence pour être soignées, et ayant du mal à supporter les moments où on leur imposait le soin comme quelque chose qui exigeait qu'elles aient affaire l'une à l'autre. Quand Keisha prenait de la drogue, cela rendait sa mère furieuse (« une sacrée, sacrée hypocrite » me dit Keisha). La mère de Keisha l'avait mise à la porte plusieurs fois à cause de cela, et était très prompte à la faire « incarcérer » au centre de traitement dans ces moments-là. Quand j'ai posé à Keisha des questions sur sa mère, la première fois que nous avons pu discuter en privé, elle me dit qu'elle était contente d'être revenue en traitement :

> Au moins, elle ne peut pas en prendre tant que je suis là. Qui s'occupe de ses gamins si je suis pas là? Faudra bien que ma mère se comporte en mère tant que je serai ici. Alors, ouais, je suis contente. Elle en reprend dès que je sors, c'est comme me cracher à la figure. Je suis contente d'être là.

La consommation de drogue avait continuellement remodelé les relations de soin et les définitions de ce que c'était que prendre soin de quelqu'un d'autre, pour Keisha comme pour sa mère (qui avait pris soin de qui, et sous quelle forme). Keisha était quelqu'un qui s'autorisait à se laisser progressivement intégrer dans le système du traitement et de l'enfermement, précisément parce qu'elle avait le sentiment que c'était un moyen de supporter ses conditions de vie de famille entre deux séjours. Keisha décrivit le nouveau plongeon dans la drogue qui avait précipité sa réadmission au centre de traitement en ces termes :

> Je suis jeune. J'ai ma vie à moi. J'ai l'impression qu'elle [sa mère] essaie de vivre ma vie à ma place, et qu'elle veut que je vive la

1. Voir le travail excellent (et éloquent) réalisé par Angela Garcia (*The Pastoral Clinic*, *op. cit.*) sur l'intimité et le remodelage de l'éthique du soin, dans les familles confrontées à l'addiction à l'héroïne.

> sienne. Je ne veux pas m'occuper de ses satanés gosses. Et je ne veux pas être sa putain de mère. Mais impossible de le lui faire comprendre. Alors parfois je dis : « je m'en fous, je veux m'en sortir, donc je vais m'en sortir », et ça la calme.

Après plusieurs séjours au sein du centre de traitement, Keisha est passé au programme de traitement en hôpital de jour, où elle voyait un clinicien une fois par semaine. Je l'ai interrogée sur ce changement :

> Je peux pas prendre les médicaments à la maison. Ça va encore être la merde, comme avant que j'aille en désintox. Ma mère va être égale à elle-même. Putain, ça me fatigue, tu vois ? Je leur ai dit [à l'équipe clinique] que ça allait pas marcher. Mais je sais qu'ils vont pas me laisser me planquer ici indéfiniment.

Keisha est retournée une seule fois au centre de traitement, après l'échec d'une tentative en hôpital de jour. Elle a été renvoyée une nouvelle fois en hôpital de jour, mais elle ne s'est jamais présentée à aucun de ses rendez-vous. Quand j'ai appelé sa mère, j'ai appris que Keisha s'était battue avec une fille du voisinage, suffisamment pour l'envoyer à l'hôpital, ce qui avait débouché sur une arrestation et une incarcération. À la différence de la plupart des jeunes garçons et jeunes filles que j'ai vu passer au centre de traitement, que j'ai souvent perdus de vue dans les environs de leur lieu d'origine, Keisha a disparu au sein même de l'institution. D'une certaine manière, elle avait détourné la cure de désintoxication en un moyen de s'échapper de chez elle, et s'était fondue dans un autre environnement social.

Dans l'entre-deux – nulle part

Il y avait beaucoup de disparitions hors du « système » (un terme que les cliniciens et les travailleurs sociaux du centre utilisaient généralement pour désigner l'ensemble des rencontres institutionnelles auxquelles les adolescents sous traitement devaient faire face). Kevin était quelqu'un que j'avais rencontré au début de mon travail au centre. L'expérience que j'ai eue avec lui a soulevé dès le départ des interrogations concernant la disparition.

Au moment où j'ai perdu tout contact avec Kevin, il venait tout juste de disparaître dans le petit interstice qui séparait le centre de traitement de son domicile. Avant cela, il était passé par différentes écoles, des prisons, des instituts d'apprentissage, des hôpitaux, des centres de désintoxication, des familles d'accueil, et tout une collection de canapés. La géographie de ces mouvements est restée relativement limitée, puisqu'à chaque fois les déplacements s'étaient fait dans Baltimore.

Quand j'ai rencontré Kevin pour la première fois, c'était peu de temps après que le tribunal lui eut ordonné de rester au centre de traitement en attendant la date de son procès (ce n'était pas le premier, et mon sentiment, d'après les entretiens que j'avais eus avec lui, fut que ce ne serait probablement pas le dernier.) Il avait volé la camionnette de sa mère. Elle avait porté plainte (ceci non plus n'était pas une première). En dépit du fait qu'il avait eu 18 ans entre le moment de son arrestation et sa première comparution au tribunal, Kevin était toujours considéré comme mineur. Lors de l'audition précédant le procès, le juge demanda à Kevin s'il était saoul quand il avait volé la camionnette : oui, très. Le juge lui demanda s'il avait consommé d'autres substances au moment de l'incident : oui, de la marijuana. Il manque sans doute des détails à cette histoire, néanmoins, sur la base de ces deux éléments le juge choisit de le placer au centre de traitement plutôt que de le maintenir dans un centre de détention pour mineurs jusqu'à la date de son procès.

Lors de ma première conversation avec Kevin, celui-ci s'est lui-même qualifié, sur un ton sarcastique, de « portrait type du récidiviste ». Il utilisait ces mots sur un ton moqueur, et la signification qu'il leur donnait demeurait difficile à saisir : il n'était pas vraiment impliqué dans son propre discours, mais se tenait d'une certaine manière toujours à la limite (un refrain qui revenait souvent durant nos conversation était qu'il « n'arrivait pas à trouver les mots qu'il faut »). La question demeurait – Kevin était-il « le portrait type du récidiviste » ? Il avait l'air de se mouvoir naturellement d'une institution à l'autre, ce qui faisait de lui une sorte d'être institutionnel, qui n'échappait jamais au radar de l'institution et pouvait toujours être repéré au sein de l'une ou l'autre des institutions qu'il fréquentait.

Le jour de son procès, sa mère retira toutes ses plaintes. Il fut renvoyé du centre de traitement le lendemain. J'ai continué à parler avec Kevin par téléphone et lui ai rendu visite trois fois chez lui, dans le voisinage de Brooklyn, au sud de Baltimore. Après quelques semaines sans nouvelles, j'y suis allé sans prévenir pour voir si je pourrais le trouver à la maison. Celle-ci avait été démolie. Quand j'ai frappé à la porte des voisins, on m'a répondu de manière vague, voire avec hostilité. J'ai appelé sur le téléphone portable de Kevin, sur celui de sa mère, et au travail de celle-ci. Rien, et dans le dernier cas, on m'a dit qu'elle était tout simplement partie. J'ai contacté l'officier de probation en charge du dossier de Kevin, mais lui aussi avait perdu contact, et à présent que les charges avaient été abandonnées, il n'y avait plus aucun moyen de le retrouver par le système de la justice. Kevin n'était nulle part.

Depuis l'âge de 11 ans, Kevin avait été arrêté 26 fois. À 13 ans, il avait commencé à consommer de la marijuana et du hash, suivis par de l'alcool à 16 ans. Quand il restait chez sa mère, il avait souvent des problèmes parce que beaucoup de membres de la famille et de connaissances, soit passaient dans les environs de la maison, soit y restaient quelques semaines, et il risquait alors de se faire « pincer en train de faire n'importe quoi ».

Les moments où Kevin était arrêté ou pris en charge par une institution étaient à double-tranchant : « parfois, on a besoin de vacances ». Je demandais à Kevin ce que c'était pour lui que d'être toujours en relation avec une institution :

> C'est comme si tu étais protégé ou quelque chose comme ça. Les copains de ma mère m'emmerdaient, me tapaient dessus… des connards, ils me piquaient ma came… Quand mon OP [officier

> de probation] est dans le coin, personne ne me cherche des noises, parce qu'ils savent qu'on les surveillera pour ce genre de trucs. C'est comme quand les voisins surveillent le quartier, un truc comme ça.

Quand j'ai demandé à Kevin si depuis sa première arrestation il lui été arrivé de ne *pas* se trouver dans un environnement judiciaire ou médical, sous une forme ou une autre, ma question s'est heurtée à un silence. Bien sûr que non – qu'est-ce que cela pouvait même vouloir dire pour Kevin, étant donné l'intensité et l'étendue de sa vie institutionnelle – une vie institutionnelle qui semblait n'avoir ni début ni fin ? « Tout ça, c'est pareil », me dit-il. Lors de la dernière entrevue que nous avons eue ensemble, j'ai plaisanté sur le fait qu'il rendait mon travail trop facile, puisque je pouvais toujours le trouver. Il a ri et m'a dit : « Ma vie c'est un livre ouvert. Comme les Pages Jaunes. »

À travers l'histoire de Kevin, je me suis posé deux questions, l'une clinique et l'autre ethnographique. Tout d'abord, que veut dire le fait de faire partie d'un processus thérapeutique (et je fais ici référence en particulier au traitement de la toxicomanie) qui se déroule si vite, c'est-à-dire d'un processus thérapeutique qui se caractérise par des changements constants et un changement de lieu de la chose « traitée » ? Ensuite, quelles sont les limites de la « visibilité » *au sein* et *entre* les institutions ? Quelque part entre ces deux questions se trouve aussi une interrogation sur la capacité de certaines institutions à fournir l'« accès » aux individus qui est nécessaire pour que le travail ethnographique soit possible.

Une version de l'histoire de Kevin est l'histoire de son cas, celle qui est soigneusement consignée sur les pages de son dossier médical. D'après ce dossier, on a diagnostiqué chez Kevin un TDAH (Trouble de Déficit de l'Attention avec Hyperactivité) et un trouble bipolaire. Au cours de ses neuf hospitalisations et d'un traitement en ambulatoire, on lui a prescrit du Seroquel (un médicament indiqué pour le traitement de la schizophrénie ainsi que pour le traitement des épisodes maniaques aigus associés au trouble bipolaire, prescrit comme thérapie complémentaire au lithium).

Kevin avait subi plusieurs hospitalisations psychiatriques, qu'il décrivait comme des moments de « confusion totale ». « Parfois, les choses deviennent trop stressantes, tu sais, et il faut que quelque chose pète. » Dans un cas, il faisait la queue pour prendre des plats à emporter chez le Chinois du quartier où vivait sa mère. Il a alors commencé à donner des coups poings dans l'air, « comme si je me battais contre toute une armée », et bien qu'il ait voulu arrêter, il ne le pouvait pas. Finalement, la police est arrivée, l'a calmé, et l'a directement conduit aux urgences : « Ils m'ont largué là devant la porte, et ils leur ont dit : "il est cinglé". Ils m'ont fait une piqûre, et ça m'a complètement explosé… j'ai vraiment cru que je devenais fou. » Il a vu plusieurs psychiatres pendant ces périodes d'hospitalisation, mais il ne souvenait jamais des noms de ses médecins ni du lieu ni des moments où on lui renouvelait ses ordonnances de médicaments. Quand je lui ai demandé si oui ou non il avait l'impression de souffrir d'une forme de maladie mentale, il a répondu par une autre question : « Est-ce que tu as la moindre idée de comment ces endroits-là te pourrissent la tête ? » Depuis notre première rencontre au centre de traitement, un concept revenait toujours comme fil conducteur dans nos conversations, à savoir qu'il y avait constamment plusieurs facteurs en jeu, qui soit le maintenaient « sur le bon chemin », soit le faisait « merder ». Kevin n'a jamais vraiment parlé de sa consommation de drogue, laquelle semblait de tout point de vue assez légère comparée à celle de la plupart des résidents du centre. La consommation de drogue et l'abus de médicaments semblaient un chemin de traverse que Kevin prenait pour réussir à gérer d'autres situations (internes et externes).

Il y avait aussi d'autres soucis cliniques. Durant cette dernière période de traitement, Kevin s'était révélé positif au test pour le *Chlamydia trachomatis*. Au cours de nos conversations, il s'est avéré qu'il avait été traité à la fois pour des gonorrhées et le chlamydia par le passé (chaque fois à la Baltimore Health Department STD Clinic). Kevin assurait qu'il avait passé plusieurs fois le test de dépistage du VIH, mais n'avait jamais eu envie de se déplacer pour aller chercher ses résultats (ou alors il n'avait pas envie d'en parler avec moi). « C'est bon, je suis clean. » Kevin respirait très bruyamment pendant toutes les conversations que nous avons eues, et alors que je n'osais pas lui poser de question là-dessus, il a utilisé plus d'une fois l'insulte « putain d'asthmatiques de merde » pour décrire les autres résidents du centre de traitement, ce qui donnait une indication troublante de sa conscience de soi.

Qu'y a-t-il en jeu ici ? Un centre de traitement de la toxicomanie, comme tous les autres environnements cliniques, est un lieu où de multiples problèmes médicaux sont mis à jour – par la systématisation des examens et des diagnostics visant certaines maladies (en général contagieuses) et certains troubles (en général psychiatriques) en particulier. Si ces choses sont importantes à relever (ethnographiquement et pour d'autres raisons), insister là-dessus ne nous avance guère. Mais il se passe aussi quelque chose de complètement différent. Les diagnostics collent à la peau des individus aussi longtemps qu'ils passent d'un environnement médico-légal à l'autre, mais une fois le trouble identifié et mis en exergue par le contexte institutionnel, une hiérarchie tend à s'établir au sein de tous les autres troubles. Quand Kevin est hospitalisé à la suite d'un incident, que ce soit une crise chez le traiteur chinois, ou une autre fois, parce qu'il avait passé des heures les yeux dans le vide à la cafétéria du centre commercial, il est avant tout considéré comme un patient psychiatrique. Quand il fait quelque chose qui implique une consommation de drogue ou d'alcool, c'est un adolescent intoxiqué. Quand il se rend à plusieurs reprises au centre de dépistage des MST, on le considère comme à haut risque pour le VIH. Ce serait une erreur de croire que ces différentes désignations ne se recoupent jamais, mais il est extrêmement important de comprendre comment elles se recoupent – comment ces « remises en ordre » sont projetées sur quelque chose qu'on appelle l'expérience médicale. Ceci nous invite (et nous force) aussi à adopter une conceptualisation complètement différente de la comorbidité. Là où la notion de comorbidité suppose que les troubles se produisent simultanément ou de concert les uns avec les autres, ici les troubles sont épinglés et hiérarchisés à l'aune d'une échelle d'importance externe, en séries. En matière clinique, le fait qu'une situation donnée nécessite ou non l'assistance médicale d'un tiers payant (ou le fait que le traitement soit gratuit ou non), joue aussi un rôle clef dans cet ordonnancement. Kevin est rarement resté suffisamment longtemps dans un programme donné pour que ces désignations puissent se réunir et former un ensemble intelligible, quelque chose qui sous-tende et relie toutes les choses qu'il avaient connues sur le plan clinique ou non.

DANS LE PLI DE LA FAMILLE

Deux des adolescents que j'ai suivis sont morts. Dans les deux cas, le décès a eu lieu plusieurs mois après notre dernière rencontre, soit au centre soit dans l'un des nombreux endroits qu'ils appelaient « chez eux ». Ces morts m'ont obligé à réfléchir à bien des choses, et la question de savoir comment écrire sur leur mort – de manière à ne pas éclipser le contenu de leur histoire ni, ce qui serait pire encore, donner l'impression que celle-ci devait inéluctablement se terminer ainsi – n'était pas la moindre.

Tanya était une toute petite jeune fille blanche du comté de Baltimore. La maison de ses parents n'était pas loin du centre. La première chose que j'ai remarquée à son propos, c'est combien elle était féminine comparée aux autres filles de son âge également sous traitement. Elle était précoce et pleine d'assurance. Elle était mignonne, mais se comportait presque comme une adulte. Tanya parlait avec un léger accent du sud, ayant passé de nombreux étés avec de la famille éloignée dans l'est de la Virginie et le Delaware. Dans les mois précédant sa condamnation pour détention de drogue et son admission au centre de traitement, elle avait commencé à inhaler et fumer de l'héroïne avec son petit ami.

Tanya avait du mal à se faire aux exigences du traitement, et détestait le caractère confiné et routinier de la vie en institution. Elle voulait se faire un chez soi loin de l'atmosphère restrictive de cet endroit. Tanya manifestait un certain désir d'indépendance, mais dans le même temps elle décrivait en détail la dépendance qu'elle ressentait à l'égard de son petit ami, et la relation compliquée qu'elle entretenait avec lui : « Il est trop gentil avec moi, tu sais. Il ne lève jamais la main sur moi ou quoi que ce soit. On se chamaille de temps en temps, mais ça arrive à tout le monde. » Elle parlait beaucoup de leurs relations sexuelles, et de sa vie sexuelle passée, de manière à prouver que son ami l'aimait et prenait soin d'elle. Il y avait quelque chose de désespéré dans la manière dont elle exhibait les manifestations de soin et d'attention dont elle faisait l'objet. Son enthousiasme était d'autant plus suspect qu'elle donnait toutes les raisons de penser que quelque chose n'allait pas dans cette relation. Elle était délibérément évasive au sujet de son ami : « C'est pas un mac. Il ne me force jamais à faire des choses que je n'ai pas envie de faire. Je veux dire, il me laisse faire mes propres choix. Peut-être que je fais ce qu'il dit, mais ça reste mon choix. »

Tanya s'est séparée de son ami deux mois après être sortie du centre de traitement. Presque immédiatement après sa sortie, ils avaient recommencé à consommer ensemble, et à un moment donné, il était devenu violent et voulait l'obliger à se prostituer pour de la drogue ou de l'argent, afin de financer leur consommation. Elle avait refusé, et il l'avait frappée – fort. Il avait ensuite brûlé ses vêtements dans la baignoire avant de quitter l'appartement, et cassé les vitres d'une voiture qu'elle avait empruntée à un ami. Tanya m'a raconté les détails de l'histoire des semaines plus tard. Elle tenait une cigarette au creux de sa main et relatait les faits en contemplant le mince filet de fumée qui s'élevait entre ses doigts. Nous étions assis sur un banc, devant une épicerie, sous une pluie fine, au coin du nouvel endroit où elle habitait :

> Cette salope de propriétaire m'a foutue dehors. Les pompiers ont dû venir pour éteindre le feu, et le lendemain j'ai été mise à la porte. « J'ai trouvé du matériel de drogué », elle m'a dit, mais je sais que c'est à cause du coup des pompiers. Je sais aussi qu'elle pense que je suis une pute. Qu'elle aille se faire foutre. J'espère que sa fille finira un jour comme moi. Comment on peut mettre dehors une fille qui s'est fait casser la gueule ?

De manière inattendue, c'est la tante de son ami qui l'a recueillie. « Je n'avais pas de vêtements, et il avait pris mon portefeuille en partant, avec tout mon argent, mes papiers, et mes affaires dedans. Il m'a laissée pour morte. [Rires]. Elle [la tante de l'ex-petit ami] m'a toujours aimée, presque comme une fille. » Plusieurs semaines se sont écoulées avant que nous nous reparlions. Nous avions convenu de nous retrouver à l'épicerie, au coin de la maison de la tante, pour prendre quelque chose à emporter. Tanya était déjà là, assise sur un banc. Au début, je ne l'ai pas reconnue. Elle était beaucoup plus maigre, ce qui était dur à imaginer car elle était déjà très menue, et son visage s'était creusé. Ses doigts étaient marron de nicotine. Quand je suis revenu après avoir commandé à manger, j'ai été direct : « Est-ce que tu t'es piquée ? » Tanya a haussé les épaules avec indifférence, et sa réponse a été tout aussi directe : « Ouais. »

Tanya s'était laissée embarquer par un groupe de femmes plus âgées rencontrées chez la tante. Elle avait commencé à s'injecter de l'héroïne immédiatement après avoir emménagé avec elles. « C'était comme un cadeau, tu vois ? Un cadeau de bienvenue, un peu comme si on me disait "tu es ici chez toi". » Je lui ai demandé si elle arrivait à gagner de quoi s'en sortir, mais elle ne m'a rien dit (et je n'ai pas insisté sur ce point). Elle dit qu'elle n'était plus autorisée à entrer dans l'épicerie depuis qu'elle s'y était fait prendre en train de voler, ce qui expliquait en partie sa nervosité pendant notre discussion, en face du magasin. Elle jetait des regards anxieux dans la rue, comme si elle attendait (ou voulait éviter) quelqu'un.

Je n'avais plus aucun moyen de la contacter une fois que son téléphone portable a été coupé. Je suis passé à chez elle à quelques reprises, mais personne n'a jamais répondu à la porte. Quelques mois après notre dernière conversation, j'ai trouvé le numéro de téléphone de son beau-père, qui vivait dans le Delaware, dans son dossier à l'hôpital. Quand je lui ai parlé, il m'a appris que Tanya était morte des complications d'une overdose un mois plus tôt, et il a brusquement raccroché.

GUÉRISON ET PERTE

Jeff avait complètement arrêté la drogue. Après quelques semaines au centre de traitement et un mois de thérapie en hôpital de jour, il avait aussi complètement cessé tout traitement. « Je suis clean. Je prends rien, même pas d'herbe. J'ai repris les commandes », me dit-il alors que nous roulions vers chez lui, depuis le coin de rue où il m'avait dit de passer le prendre. « C'est comme si j'étais quelqu'un de différent, tu vois ? Il le faut. J'ai pas de temps à perdre avec les conneries. J'ai de l'argent, j'ai gagné ma place au soleil, et ça a pas été facile. »

Jeff s'est fait tirer dessus et a été tué, un peu plus de trois mois après avoir quitté le centre de traitement. On ne sait pas trop si c'est une vente de drogue qui a mal tourné ou s'il s'est battu avec un autre dealer. D'après son cousin, qui était la personne qui m'avait permis de rester en contact avec lui après son départ du centre, Jeff avait pris deux balles dans la tempe. « Il n'a rien vu venir. Tu es là, et une minute plus tard, plus rien. Il a pas eu le temps de comprendre, j'en suis sûr. » L'enterrement avait eu lieu une semaine avant que je ne l'appelle. J'espérais pouvoir parler encore une fois avec Jeff, même si d'après notre conversation, il était clair qu'il ne voulait plus me voir. J'ai roulé jusqu'au domicile de son cousin, et il m'a emmené au cimetière. Il y avait des fleurs roses en tissu sur le dessus d'une modeste pierre tombale de granite – une pierre tombale sur laquelle il restait assez de place pour graver trois autres noms et les dates correspondantes. Sur cette pierre tombale, il y avait son nom de famille, et en dessous, son prénom gravé avec sa date de naissance : 1991. Je n'en revenais pas qu'il ait été si jeune au moment de sa mort. Son cousin m'a demandé si je pouvais faire un geste pour aider à payer les funérailles, qui ne l'étaient toujours pas. « Bien sûr. » C'est tout ce qui m'est venu à l'esprit.

Ma dernière conversation avec Jeff avait été brève. Il était retourné dans la rue. Il était clean. Il s'était endurci. Il ne voulait plus continuer à me parler, mais je me disais que c'était simplement parce qu'il ne voulait plus avoir affaire à quelqu'un qui lui rappelait (selon ses propres termes) « sa vie d'avant », quand il était accro. « Quand tu décroches, tu décroches. C'est tout. Y'a rien d'autre à dire. » Jeff s'affirmait sur un mode qui exigeait une rupture complète avec l'addiction et le traitement. J'avais pu lui poser quelques questions la dernière fois que nous nous étions vus. Il ne m'avait pas regardé une seule fois dans les yeux au cours de ce bref entretien :

> Todd : Alors, est-ce que le médicament (la buprénorphine) te manque ? Est-ce que tu as l'impression que ça a marché ?
> Jeff : Marché ? C'est des conneries ! Je m'en suis *tiré* tout seul. Il faut que tu fasses des efforts si tu veux débarrasser ton corps et ta tête de cette merde. Y'a aucune pilule qui le *fera* à ta place. Ce que les gens peuvent être feignants.
> Todd : D'accord. Tu penses que tu n'auras jamais besoin de revenir en traitement ? Je veux dire, en cas de rechute ou de quoi que ce soit d'autre ? Ou même simplement pour avoir un peu de soutien ?
> Jeff : Pourquoi ? Tu penses pas que j'en ai fait assez pour m'en sortir ? Je vais rester là où je suis, m'occuper de mes affaires. *Toi*, tu y retournes si tu veux. Pas moi.

Quoi qu'il en soit, Jeff était parvenu à se sevrer des opiacés. Tanya était tombée dans une forme de consommation de drogue qui avait fini par lui coûter la vie. Dans les deux cas, il y a des éléments qu'il n'est pas facile de rendre cohérents. Tanya avait trouvé un groupe de femmes qui l'avaient prise en charge à un moment où elle était en crise. Elle avait trouvé un foyer. La manière dont elle les décrivait, elles et les affinités qu'elle s'était trouvées avec elles, témoignait de beaucoup d'intimité et d'attention. L'abstinence à l'égard de toute drogue avait permis à Jeff de retourner là d'où il venait, vendre de la drogue au coin de la rue. Avec son retour dans les affaires, il devait s'affirmer pour retrouver son ancienne place et son ancien statut. Bien que son cousin ne l'ait jamais dit explicitement, il était sous-entendu que Jeff avait dû abattre quelqu'un pour regagner sa crédibilité.

Dans chacun de ces récits – à propos de Jeff, Keisha, Kevin et Tanya – il y a quelque chose dans l'ombre de l'expérience de la thérapie qui remodèle le sens même de la thérapeutique. Mais ils nous en disent plus encore à propos de la manière dont, étonnamment, la vie elle-même s'exprime dans le récit de l'addiction et de la guérison. C'est une chose d'affirmer que les mondes de la vie hors de l'espace clinique sont pénétrés par les valeurs et les pratiques qui ont cours en son sein. Mais il est peut-être plus important encore de se souvenir de l'impossibilité qu'il y a à prendre le point de départ de l'addiction et le processus thérapeutique comme ce à partir de quoi on pourrait juger du succès ou de l'échec d'une thérapie – ou de la question de savoir si la vie a suivi le cours qu'on lui souhaitait de suivre, ce qui est quelque chose que l'on ne peut évaluer, positivement ou négativement, que de manière rétrospective. Jeff fut un succès pharmaco-thérapeutique. Il était clean et entendait le rester. Tanya fut un échec complet, puisqu'elle avait augmenté sa consommation de drogues. Mais au bout du compte, le résultat était le même.

De la continuité et de la rupture

Les adolescents que j'ai suivis ont remis en cause l'idée de continuité dans le travail ethnographique, ou du moins, m'ont forcé à repenser ce concept. Cela ne veut pas dire que l'anthropologie médicale soit victime d'une sorte de perte du sens de la réalité quand elle atteint le point de rupture ou de discontinuité ; mais au sein d'une ethnographie de la toxicomanie et de son traitement, ces difficultés sont particulièrement prégnantes. Par exemple, je ne m'attendais pas à perdre le contact si brutalement avec Cedric et Megan. Megan parlait toujours de partir de Baltimore. Cedric pensait que Megan et lui vivraient ensemble. Je n'ai jamais compris. Il est parti de chez sa mère, et elle ne savait pas (ou ne voulait pas savoir) où il était allé. J'ai téléphoné et suis allé chez la mère de Megan, là où elle allait souvent voir ses petits frères et sœurs, mais elle n'était plus venue depuis plusieurs semaines. Sa mère disait qu'elle reviendrait, mais qui sait. J'espérais voir Cedric aux réunions de patients en thérapie ambulatoire, mais il n'a jamais pris la peine de s'y montrer. Il ne venait plus au centre chercher sa prescription de buprénorphine.

Il est surprenant que des adolescents, dont les vies sont marquées par une présence institutionnelle si écrasante, s'échappent si rapidement au-delà ou hors de la portée de ces institutions. Ces brusques revirements posent une question délicate : quel type de dépendance à l'égard de la vie institutionnelle l'anthropologie (et pour cette raison, la médecine) est-elle prête à tolérer ? Sur ce point, il y a deux choses que je voudrais souligner. D'abord, il y a une dépendance à l'égard des institutions qui résulte du simple aspect pratique du travail qui consiste à *faire* de l'ethnographie sur des sujets médicaux ; et, en second lieu, il semble impossible de séparer la vie institutionnelle d'*une vie* dans laquelle on fait l'expérience de la maladie et de la guérison. Une fois qu'ils quittent les environnements institutionnels et rompent les relations qu'ils y ont nouées, où vont les adolescents comme Cedric, Megan, Kevin et Keisha ? Le récit de leurs expériences dans et après le traitement de la toxicomanie tend à montrer qu'il y a quelque chose qu'il vaut le coup d'essayer de comprendre dans l'ombre du travail anthropologique [1]. Les trajectoires que Jeff, Tanya et Keisha ont, chacun, suivies, forcent l'ombre de leur disparition à être aussi présente que ce que l'on voit d'ordinaire, dans l'espace clinique, à la lumière de la thérapeutique.

1. Dans le commentaire des peintures de Francis Bacon que propose Gilles Deleuze, la rupture avec la représentation qu'effectue Bacon rompt l'unique fil de la narration afin de « rendre les ombres aussi présentes que la Figure ».

CONCLUSION

UNE PRÉSENCE QUI DURE

Il est difficile de savoir où se trouve la fin. On ne peut se satisfaire d'assigner simplement un point d'arrêt là où les adolescents disparaissent, en particulier parce que l'« absence » (que ce soit le fait d'être absent de la thérapie ou d'échapper au regard ethnographique) n'ajoute pas nécessairement une limite à la fin d'un épisode thérapeutique, un épisode qui se conclut en général après que la dépendance aux opiacés a été éliminée ou remplacée par des doses, légères mais suffisantes, de substitut thérapeutique. En outre, il paraîtrait très grossier de tirer une conclusion unique de l'ethnographie, au moment où elle se clôt. La difficulté, ici, pourrait bien s'expliquer par la réticence que l'on peut avoir à affirmer que toute personne, prise individuellement, exemplifie soit le succès, soit l'échec du traitement, ce qui renvoie directement à la tension entre la médecine individualisée, subjective, et la médecine collective qui constitue le fondement de la médecine fondée sur les preuves. Affirmer le succès, cela semble être une manière de tenter le sort, d'exclure que les choses puissent vraiment mal tourner dans le futur. Affirmer l'échec, d'autre part, semble vouloir dire que l'on abandonne tout espoir. Le problème, cependant, n'en est rendu que plus difficile. Faisant écho, encore une fois, à la dernière phrase de son essai sur la pédagogie de la guérison, Canguilhem nous rappelle que l'espoir demeure dangereusement proche de l'échec : « Apprendre à guérir, c'est apprendre à connaître la contradiction entre l'espoir d'un jour et l'échec, à la fin. » [1]

1. G. Canguilhem, « Une pédagogie de la guérison est-elle possible ? », art. cit., p. 99.

Pendant tout le temps que j'ai passé au centre de traitement, dans des maisons, des fast-foods, assis dans des salles d'attente, dans des cuisines, des cabines téléphoniques, des canapés, sur des pas de porte, il y a une question que j'ai posée, encore et encore, à la fin de presque chaque entretien : « Comment est-ce que tu vois ton avenir ? » Même ceux qui étaient particulièrement astucieux finissaient par s'en lasser, et je tâchais de reformuler la question pour éviter (souvent sans succès) de les exaspérer. Mais quelle que soit la forme sous laquelle je la présentais, cette question ne portait pas sur l'avenir en tant que tel. Ce qui m'intéressait, c'était bien davantage les représentations imaginaires que partageaient à la fois les adolescents, les familles et les cliniciens, concernant ce que les prévisions concernant l'avenir pouvaient révéler du moment présent. Je voulais savoir à quoi ressemblaient l'addiction et la thérapie, telles que les adolescents avec lesquels je parlais se les figuraient – et si cela contenait une forme d'espoir mâtiné d'échec potentiel comme le suggère Canguilhem, quelle que soit la place que ces éléments apparemment contradictoires pouvaient occuper. Dans presque tous les cas, la réponse donnée à ma question changeait d'une conversation à l'autre, au fil des mois. Parfois, on me parlait en détail de famille, d'enfants, de trouver de l'intimité, de l'argent, de rêves de vie quelque part ailleurs ou bien où on se prendrait en charge tout seul. D'autre fois, l'avenir tel qu'on se l'imaginait tournait plus précisément autour de l'abstinence, à l'égard de la drogue et de l'alcool, ou plus généralement, de l'idée de se trouver dans une situation qui ne ressemblerait en rien à celle dans laquelle on se trouvait pour l'instant. Il y eut aussi des moments où ce que ma question trouvait comme réponse, c'était un refus de se représenter l'avenir, qui s'imposait fermement comme l'idée que l'avenir était, au sens strict, sans avenir.

Dans les entretiens avec les adolescents que j'ai suivis, l'idée d'avenir renvoyait aux conditions du présent. La *présence* n'était pas séparée du passé. En fait, on faisait appel au passé pour essayer de faire face au présent, pour expliquer ou réfuter ce qui se produisait à un moment donné, en faisant signe vers un futur qui était encore à construire. L'idée de présence (comme rythme temporel aussi bien que simple fait d'« être là ») rendait l'avenir possible – et avec cette possibilité, la promesse que *l'avenir* serait une autorisation délivrée par le présent. La présence était endurée et durable.

Samuel Beckett, à propos des livres de Marcel Proust, suggère que « la création du monde n'a pas eu lieu un beau jour, elle se produit tous les jours »[1]. Cette observation est absolument sans équivoque quand on l'envisage dans la perspective des vies des jeunes gens que j'ai suivis. De plus, la manière dont on *sent* le monde dans les romans de Proust, par l'intermédiaire de la mémoire, de ses objets, et de sa *réactivation* dans le présent, garde toute sa force dans les univers de vie dans lesquels ces jeunes gens évoluaient. Le présent est habité et interprété – formé, déformé, et créé chaque jour. En repensant aux premières conversations que j'ai eues avec Jeff, peu après qu'il soit revenu de désintoxication, je me souviens à quel point l'idée de décrire ses expériences de sevrage lui répugnait.

L'expression « Il faut en passer par-là soi-même » m'intriguait et, en même temps, elle indiquait que les mots n'étaient d'aucune utilité parce qu'ils étaient, en un sens, hors du temps. Non que l'expérience défiât le langage, mais le langage qu'il avait trouvé dans la douleur, le malaise, et l'euphorie qu'il avait ressentis exigeait qu'on « y soit » pour que les mots aient un sens[2]. Au fil

1. S. Beckett, *Proust*, trad. fr. É. Fournier, Paris, Les Éditions de Minuit, 1990.

2. L'argument central du livre d'Elaine Scarry, *The Body in Pain. The Making and Unmaking of the World* (New York, Oxford University Press, 1987), est que la douleur défie le langage tout en défaisant les mondes. Il y a cependant quelque chose de plus subtil ici, en particulier dans le cas de Jeff. Il s'agit de quelque chose que Veena Das, dans un essai intitulé « Language and Body. Transactions in the Constructions of Pain », tiré de son ouvrage *Life and Words. Violence and the Descent into the Ordinary* (Berkeley, University of California Press, 2006), décrit avec beaucoup de beauté et de force, comme le manque d'un langage de la douleur. Le langage qui nous est offert par la douleur d'autrui, et qui pour les sciences sociales est presque quelque chose de sacré, est dévoué à l'expression du commerce qu'entretiennent le langage et le corps – il n'y a pas de langage de la douleur parce que, comme le soutient Canguilhem à propos de l'expérience de la maladie que fait « l'homme malade », il n'y a pas d'accès aux « concepts ordinaires ». Ce que Das suggère ne tombe cependant pas dans le piège que Susan Sontag se tend à elle-même

des jours et des semaines, il s'est d'une certaine manière convaincu que « y être » et ressentir quelque chose par soi-même n'étaient pas la même chose. « J'*y* suis, en plein dedans, putain. Débrouille toi avec ça », telle était l'expression favorite de Jeff, qu'il prononçait souvent en se frappant la poitrine. J'aimais bien cette expression, pas seulement parce qu'elle était provocante (bien qu'il y avait de cela), mais aussi parce que j'étais précisément en train d'essayer de faire ce qu'il disait – me *débrouiller* avec la présence de Jeff. Avec le temps, il cessa de se sentir menacé par l'idée de « penser que quelqu'un comprend ». « Même si tu étais là, tout le temps à côté de moi, à me poser des questions, tu n'aurais aucune idée de ce que c'est », expliqua-t-il.

Par la suite, après qu'il eut mis, avec tant de lucidité, des mots sur son expérience du sevrage, Jeff me dit qu'il la revivait un peu à chaque fois qu'il y repensait. Ses descriptions se suffisaient à elles-mêmes, au sens où elles n'exigeaient pas forcément d'être reliées à son expérience passée, mais c'était toujours dans son passé qu'il se replongeait. Le dernier entretien que nous avons eu, plusieurs mois avant sa mort, fut révélateur. Il parlait beaucoup d'oublier son passé, de s'en déconnecter entièrement. Il était en colère et plein de regrets, et cela se voyait. Ma présence, mon « y être », ceux de quelqu'un qui, continuellement, lui rappelait un passé qu'il voulait et qu'il avait besoin d'annihiler, se révélèrent trop lourds pour être tolérés. Nos propos ne faisaient que « remuer la merde ». La vie *passée* de toxicomane de Jeff devait être mise à distance de sa vie *présente*, celle de quelqu'un qui vendait illégalement de la drogue dans la rue. Si cette distance devait être maintenue, il fallait que je cesse de le fréquenter.

dans son livre *Regarding the Pain of Others* (New York, Picador, 2003). La tendance «moderne» qui consiste à tenir l'horreur à distance par le moyen de l'image ne renvoie pas à une reconnaissance de l'incapacité de notre langage à jouer le rôle de substitut pour la douleur d'autrui, mais à l'identification erronée – dont Sontag se rend aussi coupable, semblant ici en vouloir particulièrement à Bataille – d'un appétit collectif pour l'exhibition de corps souffrants en vue de trouver une transcendance, qu'elle soit d'ordre religieux ou autre.

La destinée d'une thérapie n'est pas seulement le produit des suites d'une intervention médicale, elle est la manière dont la thérapie est confirmée. L'idée que je me suis efforcé de dégager est celle d'une *après-vie* de la thérapeutique. Son sens, cependant, n'est pas toujours parfaitement clair. L'après-vie d'une pharmacothérapie est fixée dans une large mesure dans le présent. L'attention que je porte à *ce qui vient après la thérapie*, après que les critères que l'on utilise pour mesurer des résultats dans une étude sont épuisés, ne peut faire autrement que de ramener au présent, même en ces moments où les choses sont, soit empruntées au passé, soit projetées dans l'avenir. Je voudrais insister sur le fait que l'après-vie de la thérapie est quelque chose que l'on vit chaque jour, elle forme et déforme l'expérience de la thérapie, elle définit et redéfinit le sens. Beckett écrit : « Il n'y a aucun moyen d'échapper aux heures et aux jours. Il n'y a aucun moyen d'échapper à hier, parce que hier nous a déformé, ou parce que nous l'avons déformé. »[1] La manière dont hier en vient à former et déformer le présent n'est pas un donné. C'est là quelque chose que l'on fait (et il doit en être ainsi) et que l'on habite de manière toujours renouvelée chaque jour. C'est en ce sens qu'il est dangereux d'affirmer le *succès* ou l'*échec* quand on parle de la toxicomanie. *Guérir* un jour ne saurait s'accommoder d'un *non-guérir* le lendemain. Mais alors, pourquoi le succès avait-il autant d'importance et de sens pour les individus avec lesquels j'ai parlé, puisqu'il était défini de manière si différente (et prenait des formes si différentes) dans chaque cas ? Ce serait peut-être trop demander que d'accepter l'idée que la trajectoire d'un traitement puisse varier ainsi, de manière aussi incontrôlable, sans jamais atteindre de but. Peut-être est-ce parce que les enjeux demeurent en définitive si ambigus, et que les termes du succès sont si radicalement transformés entre un instant et celui qui lui succède. En ce sens, toute finitude est la bienvenue. Vouloir véritablement *savoir* si la buprénorphine est une pharmacothérapie qui marche, sur le long terme, c'est peut-être aussi trop en demander. Pour affirmer le succès, il faudrait à la fois qu'on

1. S. Beckett, *Proust*, *op. cit.*

dispose d'une fenêtre temporelle fixe, mais aussi de la possibilité de jeter un regard rétrospectif par cette fenêtre, une fois que tout a été dit et fait. La recherche scientifique *fournit* une telle fenêtre, sous la forme de l'essai clinique [1]. Cependant, dans le cas de l'expérience de l'addiction et de la guérison, il y a bien des choses au-delà de ce cadre qui sont laissées dans l'ombre. Aujourd'hui contient toujours la possibilité de défaire hier et demain quand il s'agit de consommation de drogue, pour le meilleur comme pour le pire. Ce que nous pouvons savoir (et que nous savons effectivement), c'est que la pharmacothérapie s'installe progressivement dans la vie des adolescents sous traitement, qu'ils cohabitent avec elle, et que celle-ci donne directement forme à leur expérience de la toxicomanie. La promesse de guérison offerte au travers de la pharmacothérapie est insérée, encore et encore, dans les repli des univers de vie de ceux qui sont sous traitement, même en l'absence de résultat déterminé.

Pour finir, j'ai tâché de résister à la tentation de donner un sens aux vies des jeunes garçons et des jeunes filles que j'ai eu la chance de connaître. Je me suis efforcé d'éviter de théoriser la prise que la toxicomanie et son traitement pouvaient avoir sur chacune de leurs vies. J'ai plutôt entrepris la tâche (souvent bien délicate) de montrer comment la vie de ces jeunes gens guide, assigne une valeur, un sens, et un prix à l'intervention pharmaceutique, quelle que soit la forme que ces choses puissent daigner prendre. Je dis tout ceci tout en sachant que cela aussi court le risque d'échouer.

1. Au sujet des essais cliniques, voir à nouveau H. Marks, *The Progress of Experiment*, *op. cit.*

REMERCIEMENTS

Je suis arrivé ailleurs que là où je l'avais d'abord prévu, mais j'ai retrouvé mon chemin en suivant différentes voies. Tout au long du parcours, il s'est trouvé de nombreuses personnes pour, à voix basse, me suggérer quelle direction prendre. Ces hommes et femmes de bien sont Kalman Appelbaum, Julien Bonhomme, Ed Burns, Jeremy Greene, Erin Koch, Guillaume Le Blanc, Céline Lefève, Annette Leibing, Anne Lovell, Beckie Marsland, Maria Muhle et Paul Rabinow. Mes conversations avec Robert Desjarlais ont continuellement nourri mes pensées, et je ne saurais assez le remercier pour la générosité intellectuelle dont il a fait preuve toutes ces dernières années. Au cours de mes années d'études à la Johns Hopkins University, j'ai largement profité des encouragements d'Abigail Baim-Lance, Thomas Cousins, Jennifer Culbert, Hent de Vries, Clara Han, Ruth Leys, Neena Mahadev, Sidharthan Maunaguru, Sameena Mulla, Ross Parsons, Sylvain Perdigon, Lindsey Reynolds et Isaias Rojas-Perez. Je dois une gratitude infinie à Veena Das, qui m'a aidé à mettre mes idées en forme à des moments cruciaux pour mon travail. Mes collègues de la Wayne State University ont été à la fois accueillants et motivants, je voudrais en particulier remercier Sherri Briller, Mark Luborsky et Andrea Sankar pour leur implication et leur soutien. Fanny Gutiérrez-Meyers est une source d'inspiration quotidienne. Il n'y a pas de meilleurs collaborateurs, de meilleurs complices et de meilleurs interlocuteurs que Richard Baxstrom et Stefanos Geroulanos. Au centre, Philip Clemmey et Geetha Subramaniam m'ont ouvert bien des portes, y compris certaines que j'ai été trop hésitant pour franchir. Durant les premières étapes de rédaction, Peter Quinn et Gillian Stewart Quinn m'ont accueilli chez eux, permettant à mon esprit de respirer un peu.

J'ai grandement profité du temps passé à écrire et à travailler en France. J'ai eu l'opportunité de présenter une première version de l'un des chapitres qui précèdent au Centre Georges Canguilhem à Paris, sur l'invitation de Pascal Nouvel et Dominique Lecourt. François Delaporte et Sandra Laugier m'ont donné l'opportunité, à de nombreuses reprises, de développer mes réflexions à l'occasion de séjours à l'Université de Picardie-Jules Verne à Amiens. Isabelle Baszanger m'a offert du temps pour écrire au Centre de Recherche Médecine, Sciences, Santé et Société (CERMES) à Villejuif. Au CERMES, je remercie Maurice Cassier, Jean-Paul Gaudillière, Ilana Löwy et Christiane Sinding pour leur générosité et leur accueil. Il n'y a rien de mieux que de se retrouver désorienté dans une autre langue pour faire attention aux mots que l'on emploie. En 2009, Eugene Raikhel, Will Garriott et Sandra Hyde ont organisé un workshop à l'université McGill, intitulé « Anthropologies of Addiction » et à l'occasion duquel j'ai bénéficié des suggestions éclairantes de Nancy Campbell, Summerson Carr, Angela Garcia, Helena Hansen, Barbara Koenig, Daniel Lende, Stephanie Lloyd, Dawn Moore, Michael Oldani et Tobias Rees.

Plusieurs des chapitres qui précèdent ont été présentés, à des étapes variables de développement, dans le cadre de séminaires et de conférences délivrés au département d'anthropologie sociale de l'Université d'Edinburgh, à l'École des Hautes Études en Sciences Sociales (EHESS), au University of Michigan Substance Abuse Research Center, à l'Université du Wisconsin-Milwaukee, au Collège International de Philosophie, à l'Université Bordeaux 3 et au groupe de recherche MéOS (Le Médicament comme Objet Social) de l'Université de Montréal.

Merci beaucoup aussi à Jean-François Braunstein, Arnold I. Davidson, Daniele Lorenzini, Jocelyn Benoist et aux éditions Vrin pour leur soutien à cette traduction, et à Aude Bandini pour tout le « *tough* » travail.

J'ai eu bien des mentors. La pensée de Jonathan Ellen joue un rôle moteur pour mon travail depuis plus de dix ans. Tout le temps où je l'ai connue, Pamela Reynolds a guidé mes recherche avec tact et gentillesse. La curiosité intellectuelle de Paola Marrati a été – et demeure – contagieuse. Mes conversations avec Lori Leonard ont toujours restauré mon enthousiasme pour le travail et la réflexion. Et enfin, la délicatesse de pensée que Harry Marks m'a témoignée durant toutes ces années où j'ai eu la chance de le connaître fut une leçon d'humilité. Ma reconnaissance va bien au-delà de ce que je peux écrire ici. Afin de mener mes recherches à bien, j'ai reçu des soutiens financiers de différentes formes. Une grande part du projet a été financée par une bourse Ruth L. Kirschstein, offerte par le National Institutes of Health (2006-2009). À la Johns Hopkins University, je me suis vu remettre un Dean's Teaching Fellowship (2007), le J. Brian Key Summer Research Fellowship (2005), ainsi qu'un Summer Research Grant, offert par le Program for Women, Gender and Sexuality (2002). J'ai également reçu un financement continu durant la période de recherche, offert par le département d'Anthropologie et le Dean's Office de la Zanvyl Krieger School of Arts & Sciences. J'ai pu passer une année à la Bloomberg School of Public Health, au sein du Department of Population and Family Health Sciences, grâce au financement du Andrew W. Mellon Foundation Population Program (2003-2004). Enfin, j'ai reçu un prix de thèse, délivré par la National Science Foundation – Science and Society Program (2006-2007), qui m'a permis de réaliser des études d'archives. Sans l'ensemble de ces financement, je doute que l'étude qui précède aurait pu être possible.

Il va sans dire que je dois beaucoup aux individus et aux familles qui sont décrits dans les pages précédentes, pour leur ouverture et leur confiance. Après tous ces remerciements, c'est plus que par simple convention que je rappelle au lecteur que toute la responsabilité du matériel qui lui est présenté incombe entièrement à son auteur.

INDEX DES NOMS

TABLE DES MATIÈRES

Imprimé en France par CPI en août 2016
Dépôt légal : août 2016 - N° d'impression : 136867